博雅

名师大讲堂

名师大讲堂

A DISCOURSE
ON INTRODUCTION
TO PHILOSOPHY

哲学导论 讲记

余敦康 著

寇方墀 整理

北京大学出版社
PEKING UNIVERSITY PRESS

图书在版编目（CIP）数据

哲学导论讲记 / 余敦康著. —北京：北京大学出版社，2018.1
（名师大讲堂）
ISBN 978-7-301-28909-9

Ⅰ.①哲…　Ⅱ.①余…　Ⅲ.①哲学—研究　Ⅳ.①B0

中国版本图书馆 CIP 数据核字（2017）第 257534 号

书　　　名	哲学导论讲记 ZHEXUE DAOLUN JIANGJI
著作责任者	余敦康 著　寇方墀 整理
责任编辑	田　炜
标准书号	ISBN 978-7-301-28909-9
出版发行	北京大学出版社
地　　　址	北京市海淀区成府路 205 号　100871
网　　　址	http://www.pup.cn　　新浪微博：@北京大学出版社
电子信箱	pkuwsz@126.com
电　　　话	邮购部 62752015　发行部 62750672　编辑部 62750577
印　刷　者	北京中科印刷有限公司
经　销　者	新华书店
	650 毫米×980 毫米　A5　7.125 印张　110 千字 2018 年 1 月第 1 版　2018 年 1 月第 1 次印刷
定　　　价	52.00 元

未经许可，不得以任何方式复制或抄袭本书之部分或全部内容。
版权所有，侵权必究
举报电话：010-62752024　电子信箱：fd@pup.pku.edu.cn
图书如有印装质量问题，请与出版部联系，电话：010-62756370

目 录

第一讲	哲学是什么	001
第二讲	轴心期哲学的突破	025
第三讲	西方哲学导论（上）	055
第四讲	西方哲学导论（下）	075
第五讲	印度哲学导论（上）	097
第六讲	印度哲学导论（下）	115
第七讲	中国哲学导论（一）	133
第八讲	中国哲学导论（二）	149
第九讲	中国哲学导论（三）	165
第十讲	中国哲学导论（四）	179
第十一讲	哲学家的终极关怀	195
第十二讲	哲学与哲学史的关系	211

第一讲

哲学是什么

我们今天的课是"哲学导论",但是究竟"哲学"是什么?这个问题我还真是没法子回答。在我近五十年的研究中,既研究了中国哲学,也研究了西方哲学,同时也看了一些印度哲学的书。结果发现,如果把中国、印度及西方等古今中外的哲学家对"哲学"下的定义综合起来说,大概一百个也不止。"哲学"应该是什么样子?"哲学"就应该是这个样子。如果在各种分歧的哲学概念里面找出一个统一的概念,"哲学是什么?"这个问题我看是没有标准答案的,我们永远也得不到标准答案。

也许有人会说,难道你搞了五十年的哲学,居然不知道哲学是什么?真是这样。这是一个哲学观的问题。每个人对于哲学都有自己的看法,我的看法和别人的看法可能不一样,但是每个人的看法都好像是瞎子摸象一样,有的人摸着大象的尾巴，有的摸着大象的肚皮，有的摸到了大象的耳朵，就说大象是一条鞭子、一堵墙、一把扇子，但是对于大象的整体却把握不了。所以哲学是什么这个问题认真说起来是永远不能回答的，也是一个永恒的困惑。

我们今天第一次来这里学习哲学的时候，首先要想一想这个问题，想它一辈子。哲学这个问题究竟是什么？要形成自己的哲学观，不是鹦鹉学舌。互相抄一个定义很容易，但是你自己形成一个哲学观很难。讲哲学的学者，大陆的、台湾的、香港的，包括国外的也好，大家都是朋友，我们如果找一个人来问问，你讲哲学，你知道哲学是什么吗？如果他能很坦诚地来回答你，他应该会说我不知道。我有时也会感到这样一种尴尬。

关于哲学的定义很多，我的老师一辈的哲学家冯友兰先生，他曾经说过，哲学是什么？哲学是"说出一个道理来的道理"。说出来一个道理，这个道理是这么一个道理，但我有一套说法，有一套逻辑的论证，证明这个道理是正确的。"说出一个道理来的道理"，这就是哲学。用一套逻辑来证明所说的这个道理是正确的。冯友兰先生是哲学家，他的两卷本的《中

第一讲　哲学是什么

国哲学史》，还有他的"新理学"，都是"说出一个道理来的道理"。但是我们今天来说，他是用"新实在论"，用一套逻辑证明客观的真理是抽象的、存有的，这个问题我们以后再来讲。冯友兰先生的朋友金岳霖先生说，你（冯友兰）说得不对，哲学是什么？是"说出一个道理来的成见"。每一个哲学家，都有一个成见，有一个偏见，他是用其他的道理来证明这个偏见是正确的。每一个哲学家，都是一种片面的深刻，都是成见、偏见，他是以偏概全，把一个片面的东西说成是全体。

就西方哲学来说，康德的哲学被他的学生费希特否定了。康德说"物自体"如何如何，费希特说不行，对不起，这个"物自体"不存在。费希特的学生谢林，说老师你的那套理论，"自我"分裂成"非我"，然后达到"自我"和"非我"的统一如何如何，不对，整个宇宙是绝对同一的。到了黑格尔，把他们三个人都否定了，提出了"绝对理念"。这就是德国古典哲学的发展。他们有师承的关系，康德是祖师爷，费希特是康德的学生，谢林又是费希特的学生，黑格尔更是晚辈，就这么构成了德国古典哲学发展的轨迹。那么我们说哪个对哪个错了？你应该有选择啊。可是到了黑格尔，完了，他把自己的哲学说成是一个绝对真理,"绝对理念"发展到黑格尔已经到达了它最后的完成了。然而马克思把他给颠覆了,除了马克思之外,存在主义的先驱祁克果也从另外一个方面把黑格尔给颠覆了。所以从黑格尔以后开启了20世纪的现代西方哲学,五花八门。黑格尔自以为推翻了康德,成为了一个集大成者,但是到了20世纪,没有哪一个人赞成黑格尔。20世纪有一个存在主义,认为存在先于本质,先有存在,本质是第二性的。康德、黑格尔之前的哲学,从柏拉图开始,都认为本质先于存在,而这样的存在主义一下子就把古典哲学给颠覆了。存在主义把孤立的个人的意识活动当作真实的存在,强调一切从个人的存在出发。存在主义认为人是自由的。主要代表有海德格尔、雅斯贝尔斯、萨特、梅洛·庞蒂等。过了没有多久,又有了新思潮,认为人不是自由的,人是被结构所决定的,人处在某种结构中间,他是这个结构内在的工人,他是各种因素的总和,这股思潮叫作结构主义,其中的代表人物有索绪尔、列维·施特劳斯、维特根斯坦等人。结构主义的研究扩展影响到了各个方面,文学、历史、哲学、社会学、人类学等等。结构主义流行于20世纪60年代以前。但是结构主义并没有兴盛多久,

第一讲　哲学是什么

1968 年以后，出现了解构主义：什么结构不结构？我们要解构，要颠覆，要把结构颠覆掉。

总而言之，要给哲学下一个普遍适用的定义，是不可能的。总体性的哲学、一般性的哲学是不存在的，只有各种各样的哲学，且每个人有每个人的哲学。例如，中国先秦哲学中，孔孟的哲学与老庄的哲学是大不一样的。宋明理学中，程朱和陆王的哲学也是不一样的。他们互相之间也有争斗，会说：你那不是哲学，只有我的才是哲学，我说的东西才是正确的哲学。可是他们的哲学是什么？还是金岳霖先生说的"说出一个道理来的成见"。反观世界两千多年来的发展历程，要给哲学下一个普遍的定义，是不可能的。

所以，跟同学们讲哲学的时候，我是导游，我不能误导你们。哲学的景观是很复杂的，很不确定的，很模糊的。如果我从任意一本书中抄一个定义，说出一个成见，说这就是哲学，那我就是不负责任，对不起同学们。不是说我不懂哲学，你找一个认为自己最懂哲学的人，问他哲学是什么啊，我估计他也是没法回答你。所以，既然"哲学是什么"是没法回答的，那我们就应该自己探索，寻求自己的哲学观。你说出的哲学观也许是种偏见，但是你只要能说出一番道理来证明你的观点是正确的，别人很难驳倒你，行，那你就是哲学家了。五十年前，我在这个地方听讲，之后在哲学领域里面又工作了这么多年，看了各种各样的哲学书籍，结果得出了这么一个令人沮丧的结论。

但是大家也不必难过。在西方，"哲学是什么"这个问题也许不是像我们这样提，不断地提，但哲学家照样搞他们的哲学研究。这个问题是中国的问题，是放在中国的历史背景下来考虑的。鸦片战争之后，中国被迫打开了大门，西方文化强势进入中国，（更早以前的明朝末年，西方的传教士如利玛窦等就来到了中国，到鸦片战争时候"西学东渐"已经有近两百年的历史。在这两百年间，两种文化也曾相互作用、相互交流。）在这随后的一百多年来，在中国文化和西方文化的交流过程中，西方文化是强势文化，中国文化是弱势文化，弱势文化一定要遵从强势文化的话语霸权来阐释自己的东西，中国有没有哲学？这是一直到19世纪末期还令中国有识之士感到困惑的一个问题。比如说"哲学"这个词，中国古代是没有的，它是从古希腊"爱智慧"——philosophy——这个词来的，然后，

第一讲　哲学是什么

日本人利用汉语的文字，将 philosophy 翻译成"哲学"；有一位中国的学者，叫黄遵宪，把它从日本介绍了过来，从此开拓了中国人的眼界：原来西方文化中，除了船坚炮利等科技的东西之外，还有哲学这种东西。

那么我们中国有没有哲学？当时张之洞主管教育，我们的学堂之中只有经学。所以有人说，无所谓哲学不哲学，"哲学"完全是个外来词。王国维为此专门写了一篇很重要的文章《哲学辨惑》，强调"哲学乃中国固有之学"。哲学是中国本来就有的东西，孔孟老庄，这都是哲学；魏晋玄学、宋明理学也都是哲学。这是 19 世纪的情况，到了 20 世纪初，1914 年，北京大学成立了哲学门，这才开始在中国的大学里面培养哲学的人才。哲学门就是哲学系，北京大学在中国哲学、现代哲学研究的过程中可谓是开山鼻祖。

但是开哲学门不能光研究西方哲学，那么中国自己的哲学究竟是什么？首先提出这个问题的是胡适。胡适认为，哲学的根本就是逻辑。胡适在美国哥伦比亚大学哲学系留学的时候师从杜威，写的论文就是《先秦名学史》，"名学"就是逻辑，中国古代有一个派别就叫作"名家"。胡适回国后在北大做教授,他就把《先秦名学史》扩充,写出了《中国哲学史大纲》,完全按照名学、逻辑论证、知识论的角度来描述中国哲学,这就是用西方的模式来研究中国哲学。但是写出来之后,金岳霖先生评价说好像是个美国商人写的,不是中国人写的。为什么呢?因为里面实用主义的色彩太浓厚。所以冯友兰先生两卷本的《中国哲学史》出来之后,马上就取代了胡适的《中国哲学史大纲》。冯友兰先生在写《中国哲学史》的时候又用的什么眼光?还是西方的眼光,"新实在论"的眼光,按照"说出一个道理来的道理",把中国的孔子、孟子、老子、庄子这些人拿出来,把其中的道理找出来,然后看他们是怎么论证的,从而找出其中的一套逻辑的程序。冯友兰先生的哲学史写得比较客观,符合其本来的面目;但是他那还是按照西方哲学的眼光来看待中国的哲学。这一来,哲学究竟是什么,中国有没有哲学这些问题,一直在中国人的脑子里盘旋,产生了一个很大的疑问。这个疑问包含着非常深刻的文化背景。这可以用王国维的两句话来概括。王国维跟胡适不一样,他不研究哲学,对西方哲学也不太了解,可是他国学的修养很深,他说了一个矛盾,这个矛盾就是"可爱者不可信,可信者不可爱"。这两句

第一讲　哲学是什么

话的内涵非常深刻，就是感性和理性的矛盾。

我刚才说了，弱势文化在与强势文化接触的时候，要遵从强势文化的话语霸权。西方强势文化有一套逻辑的论证、科学的根据，这是支撑它们的基础，它可以头头是道地说出一个道理来，你还不能不信。可是它毕竟是西方的，不是中国的。王国维作为一个地地道道的中国人，对中国传统文化有一种热爱，那是自己本身的生命、民族的生命，是可爱的，但是可爱的是说不出一个道理来的，没法论证它的合理性。西方的东西是很可信的，有科学的道理，是没法驳倒的，但是西方的东西，与我们本土的东西之间有隔阂，是不可爱的，这叫"可信者不可爱"。对于我们本土的、自己的文化——可爱的东西来说，我又没法用道理来说服你，来证明它的合理性，所以是"可爱者不可信"。当时中国流行的是科学主义，而科学主义则是强调可信的。由此，王国维感受到了一种非常大的矛盾；所以他虽然年轻时候对哲学很有兴趣，也研究过一阵子哲学，但是他后来不再研究哲学，而是钻进了考古、国史研究当中，并且也取得了很大的成就。

这个矛盾对于冯友兰、金岳霖和胡适等也是一样的。比如说，冯友兰先生"说出一个道理来的道理"，是用西方的"新实在论"来解释中国的哲学，他就是这样写出了两卷本的《中国哲学史》，然后又在这个基础上写出了《新理学》。但是冯友兰先生是中国人，说他可爱的东西是"新实在论"，就是大错而特错。冯友兰先生后来写了《新原道》，讲"中国哲学的精神"。他说中国哲学的精神比西方哲学的精神要好，它是"极高明而道中庸"，既是出世的、超越的，又是入世的、关心社会的；西方哲学则把这两个方面截然分开。冯友兰先生接着写了《新原人》，认为人学习哲学，最重要的是提高自己的精神境界。冯先生认为人有四种境界：自然境界、功利境界、道德境界以及最高的天地境界。天地境界是人所追求的，是人的安身立命之地。这些在西方哲学中都是没有的。冯友兰先生按照西方的逻辑结构、话语系统，来看中国哲学之中哪些是有道理的，从这些道理中说出一个道理来并加以证明，所以他写了《新原道》和《新原人》。金岳霖先生也是一样，金岳霖先生的逻辑分析达到了非常高的水平，他写了一部《知识论》。冯友兰先生评价说它的水平不仅不比西方的同类作品低，反而高出他们很多，但是学哲学，不仅要求得理智的了解，还要求得

第一讲 哲学是什么

情感的满足,我要爱它,它跟我一生的生命和做人紧密联系在一起,而知识论则不难做,它是把外界的东西当作一个客体来研究、观察。所以,金岳霖先生又写了《论道》,就完全回到了中国哲学本身的问题上来了。

不管如何,在这一过程之中,对于"哲学是什么"这个问题,他们每个人都有每个人的看法,这些看法,无非是"说出一个道理来的偏见"。把活生生的个人经历和哲学结合在一起,形成一个人的哲学观,结果造成了哲学的不同。所以哲学的定义之所以各自不同,完全在于每个人的哲学观不同。可以说每个人都有自己的哲学观。有些人不太明确,有些人不太自觉;自觉的哲学观有一套逻辑的系统,能够证明它的正确性,这样就成为了一个哲学家。像我这样的哲学教授,既说不出一个道理来,关键又没有形成自己的"成见",讲了一辈子哲学,结果还不知道哲学是什么。

这个困惑今天依然没有解决。归根结底,哲学的景观很复杂,哲学是不确定的。对于哲学是什么,我觉得可以借用罗素的话。罗素说,哲学既不是神学宗教,也不是科学,它是介于二者之间的东西。为什么说是介于二者之间?凡是宇宙人生等等不确定的问题,宗教、神学都能做出回答。比如,世界是怎么产生的?上帝创造的。宇宙是怎么来的?是有限的还是无限的?人有没有意志自由?这些问题都很难探讨清楚,但是各种各样的宗教神学都能依靠信仰给出一个没有办法的解决办法。科学关注的问题不一样,科学是确定的知识,它关心的是具体的事实,是对是错还可以得到检验;科学的对象是确定的东西,跟宗教不一样。而哲学的对象是不确定的,论证的方法则是确定的,它借用已经确定的方法,证明一个道理。所以说哲学是介于神学和科学之间的东西。

既然如此,那我们进入大学学习哲学,对于"哲学是什么""中国有没有哲学"这些问题,要不断地做出自己的解释。在这个解答的过程中间,一步一步地提高我们的认识,形成我们自己的思想。从 1914 年北京大学开设哲学门,到 1949 年为止,北大的哲学研究在全国一直名列前茅。复旦大学编了一套《二十世纪哲学经典文本》,有中国哲学卷,选了 20 世纪中国的哲学家所写的经典著作,一共选了二十个人的著作。都是哪些人?严复、康有为、谭嗣同、章太炎、蔡元培、梁启超、王国维、陈独秀、鲁迅、熊十力、张君劢、张东荪、李大钊、

第一讲　哲学是什么

胡适、梁漱溟、金岳霖、冯友兰、贺麟、唐君毅、牟宗三。20世纪这一百年来有多少亿中国人？我们挑来挑去，仅仅挑出了二十个可以被称为哲学家的学者；而且，他们还不全是在国际上有广泛影响。他们是我们的老师辈，虽然我们很尊重他们，但这样的情况还是让人感到很悲凉。

西方对于中国哲学的主流看法，比如黑格尔就公开地说，中国没有哲学，印度也没有哲学，哲学从古希腊开始，古希腊是哲学的正宗——这是典型的西方中心论。在《哲学史讲演录》中，黑格尔简单地说了几句孔子，说他说出了几句人生规则；说老子的"道可道"多少有点哲学的味道，但说它是哲学还是谈不上的。黑格尔对于中国哲学完全是一种嘲讽和批判的态度。现在通行的文德尔班的《西方哲学史教程》，也认为中国没有什么哲学。梯利的《西方哲学史》同样是这种看法。这完全是一种西方中心主义的看法，它完全以西方的眼光、用西方的标准来衡量中国的东西，不符合就说那不叫哲学。那我们学了半天哲学，原来一直是跟在西方的身后跑，这样再跑也跑不过他们。所以，整个20世纪中国哲学的景观，简直就是西方哲学的展览馆，西方哲学有个什么东西，马上就搬过来，这个主义那个主义。"五四"以来就开始在搬了：柏格森主义、杜威主义、罗素主义、新康德主义、新黑格尔主义……统统都搬了过来。现在搬得更多了，后现代的，如福柯的、德里达的，还有一些闻所未闻的哲学家，知道不知道的，全都给搬过来了。我刚才说了，这无非是一个西方中心论的偏见。所有西方的哲学，也都是"说出一套道理来的成见"、偏见。这种成见、偏见在骨子里头就是西方中心论。一百多年来，我们这样跑，能跑得过西方么？

从北大哲学系风雨苍黄的百年历史，就可以看到19世纪末以来的现代中国哲学史的历程。你们现在进了北大，就应该有新的角度，换一个视角，颠覆西方中心论。现在北大哲学系的教师当中，有我的老师，也有我的朋友。他们有不少成果你们可以参考，比如陈来先生写的《现代中国哲学的追寻》。现代中国哲学的追寻是什么意思？它说明现代的中国哲学正处于一个寻找的过程当中，还没找着；从冯友兰、梁漱溟等人一直到现在，都是不断地寻找如何从中国哲学的角度看待这个问题。另外，北大哲学系的赵敦华先生写了一部《西方哲学的中国式解读》。他换了一种眼光，用中国的眼光来解读西方的哲

第一讲　哲学是什么

学：从柏拉图、亚里士多德到现在的后现代主义，立足于中国自己的眼光。这跟过去用西方的眼光来看中国的做法是完全相反的。还有张世英先生，我的老师，写了一部《哲学导论》。他讲的又不一样。张先生也是经过了一番艰难的探索，他原本是研究黑格尔哲学的专家，最后也转了过来，回到了中国哲学。所有这些研究中国哲学的人，他们的头脑里都在追问中国哲学是什么，通过考虑这些问题，形成一个自己的哲学观，这样才能用中国的眼光来看问题。

上面我们说了 20 世纪二十个中国哲学家，他们大多都跟北大有关。从北大成立哲学门开始，冯友兰、金岳霖、张东荪等等，都在北大任过教，他们都可以说建立了自己的哲学体系，这是北大哲学系历史的第一期发展。从 1949 年到 1978 年，算是北大哲学系历史的第二期。在这整整 30 年里，几乎就没有真正意义上的哲学，哲学就是马克思主义。我在上世纪 50 年代当学生的时候，请了苏联专家来，那苏联专家什么水平？他的讲义简直是莫名其妙，可是我们的冯友兰先生、金岳霖先生要像小学生一样在下面认真地听着。艾思奇也讲哲学，他又讲了些什么呢？他的《大众哲学》也跟苏联专家没什么区别。

　　1952年院系调整，全国就留下了一个哲学系：北大哲学系，全中国所有的哲学家，都集中到了北京大学。全国统一哲学系的目的何在？要建立一个全国统一的哲学，这也是北京大学哲学系要承担的任务。但是原来的哲学家都是资产阶级世界观的、搞唯心主义的，现在要搞一个统一的以马克思主义为指导的哲学，那就要改造思想，一边学习，一边改造。当时学生们什么都不懂，就敢于批判冯友兰，批判金岳霖。怎么批判？从马克思主义当中找几个教条，然后说你的观点这个不合那个不合。在这样的背景下，哲学怎么定义的？不是马克思、恩格斯、列宁的定义，是斯大林的定义——他的《辩证唯物主义与历史唯物主义》一书中讲道，所谓哲学，就是关于自然、社会、思维发展普遍规律的科学。而用艾思奇的话来说，唯物主义的世界观，才是唯一正确的世界观；而哲学史上却存在许多唯心主义的世界观，因此，一部哲学史，就是唯物主义与唯心主义斗争的历史，是唯物主义不断战胜唯心主义的历史。因此，全世界只有一种哲学，全世界只有一个真理，而这个真理就是斯大林的《辩证唯物主义与历史唯物主义》，哲学史上的

第一讲　哲学是什么

哲学家，也因此统统被推倒。

我们中国唯一一个亲耳听到德国大哲学家海德格尔讲课、成为海德格尔学生的，是熊伟教授；维也纳学派的石里克唯一的中国学生，是洪谦先生；还有黑格尔研究专家贺麟先生、康德研究专家郑昕先生、美学大家宗白华先生和朱光潜先生，中国哲学大家冯友兰先生、金岳霖先生……所有这些大家，在斯大林的哲学观念横行的时候，都不敢发言。从1949年到1978年这三十年里，中国的哲学领域是一片荒芜。

"全世界只有唯一的哲学"的观念来自于哪里？黑格尔。波普尔在《开放社会及其敌人》一书中，就把黑格尔哲学说成是一个封闭式的体系。黑格尔把自己的哲学说成是全世界唯一的哲学。哲学是什么？就是绝对理念。绝对理念不断地发展，不断地完善自己；全世界从古至今的各种各样的哲学体系，都不过是绝对理念在其不同的发展阶段的不同表现而已；绝对理念发展到了黑格尔本人，就到顶峰了。这叫历史和逻辑的统一。后来马克思批评黑格尔的绝对理念是头脚颠倒，他把它再颠倒过来，就是辩证唯物主义和历史唯物主义。马克思从来没有说，他的哲学是全世界唯一的哲学；但是斯大林凭借着他手中的权力,垄断了哲学的话语系统,称哲学就是我的哲学,斯大林的哲学。这连黑格尔也不敢说的话,让他说出来了。为什么黑格尔不敢说,他手中没有权力。哲学一旦跟政治权力相结合,就是所向无敌。50年代的哲学家们,在听到这些讲法的时候是心惊胆战。熊伟先生敢再讲他的海德格尔?洪谦先生还敢讲石里克?贺麟先生还敢讲新黑格尔主义?郑昕先生还敢讲康德?所以他们都去翻译、编译材料去了,一边整理材料一边改造思想。在这种环境下,我们这些当学生的就注定只能成为哲学工作者。

既然全世界只有唯一的哲学,那谁是它的代表呢?一开始是斯大林,后来是毛主席,认为毛主席一句顶一万句。"两个凡是"知道吧?"凡是毛主席做出的决策,我们都坚决维护;凡是毛主席的指示,我们都始终不渝地遵循。"邓小平恢复职务以后,首先就选择了哲学作为突破口,提出"实践是检验真理的唯一标准"。是对是错用实践来检验,不是哪个人说了算。就这样,从1978年以后,哲学领域才慢慢回到了正轨。可以说,我们走过的这段弯路,完全是在哲学定义方面出了差错。有两本书你们可以看看,一本是《交锋》,一本是《变

第一讲 哲学是什么

化》。《交锋》描写了1978年到1998年这二十年来的三次思想解放运动；《变化》则实录了1990年到2002年这十三年来中国所发生的变化。他们说的都不是哲学，但确实又是哲学，都跟"什么是哲学"这个问题相关。要弄清楚什么是哲学，可不能光看"道可道，非常道"。

过去几十年来，中国逐渐颠覆了西方中心论；西方中心论是个极端，现在我们把它颠覆了，但是有些人觉得光颠覆了还不行，甚至提出"中国可以说不"。这就走向了另一个极端。《中国可以说不》的几个作者，都很年轻，也曾留学美国，对西方文化有着相当深刻的感性和知性层面的了解。他们在美国看到了很多情况，回到中国之后，为了增强民族自豪感，于是就提出"中国可以说不"。你美国可以说不？中国为什么不可以说"不"？但这样一来，就成了对抗。

这个问题其实也是哲学问题。也就是说，世界上是不是只能有一种文化形态？哲学是多元的还是一元的？究竟应该选择单边主义还是多边主义？其实西方从古希腊开始，就倾向于单边主义。古希腊从柏拉图开始占统治地位的思想，是"逻各斯中心主义"，认为世界由一个永恒的、不变的"逻各斯"支配，纷纷纭纭的现象可以变，逻各斯不会变。逻各斯后来与基督教结合，就形成了"道成肉身"说。这种以"逻各斯"为中心的理性主义，支配了西方世界两千多年，发展到黑格尔，达到了登峰造极的地步。但是黑格尔之后，西方哲学就呈现出了多元的态势，像叔本华的唯意志主义，祁克果的存在主义。尤其是尼采，他提出"上帝死了"，上帝已经不能再给人提供永恒的、道德的评判标准。但是人们得摆脱"上帝死了"的困境，于是出现了海德格尔的存在主义，接着是后现代、解构，要把所有的本质、中心等等都颠覆掉。

  一百多年来，我们曾经按照西方的思路来解释中国的东西，但是我们需要建立自己的哲学。从1978年以后，北大哲学系进入了它的第三个发展时期，这是最好的一个时期。你们在这个时候来到北大，是幸运的。那么，你们有没有想想自己该怎么办呢？你们都成为哲学家似乎不太可能，但是你们中间可不可以出十个八个的呢？当然，哲学家跟哲学教授是不一样的，就像我，讲了一辈子哲学，都不知道哲学是什么。从"五四"到1949年，出了二十来个，虽然没达到世界水平，但好歹也是哲学家；而从1949年到现在，五十多年来，没有

第一讲 哲学是什么

人给出自己对哲学所下的定义,没有"说出一个道理来的道理",也没有"说出一个道理来的成见"。现在你们进了北大哲学系,拿破仑说过不想当将军的士兵不是好士兵,那么我在这可以说,一个不想当哲学家的哲学系学生,绝不是一个好的哲学系学生。如果不想成为哲学家,我劝你别学哲学。

这次的"哲学导论"课,我有一个想法,就是把各种哲学——西方哲学、中国哲学、印度哲学——放在同一个平台上来加以比较。所有哲学都有特定文化的特性,在全世界的文化史上,有所谓的"轴心时代","轴心时代"的时间是公元前800年到公元前200年,相当于中国的春秋战国时期。全世界只有三个地方有哲学,或者说只有在这三个地方产生了哲学突破:西方、中国、印度。在西方,希腊出现了苏格拉底、柏拉图、亚里士多德等人;在中国,出现了孔子、老子、墨子等思想家;在印度则有佛教、耆那教等。这是很奇怪的现象。这三个地方形成的哲学,在轴心期都是在本地的地区性文化中自然而然地发展起来的,这样发展起来的哲学,因此也都具有自己独立的价值、独立的思路、独立的哲学问题,从而形成了三大哲学系统:希腊系统、中国系统以及印度系统。在古代，这三大系统之间并没有直接的交流，而是各自走上了自己的发展道路。16世纪以后，希腊系统扩充到了整个欧洲，经过文艺复兴、宗教改革，势力愈发强大，而中国系统和印度系统相比之下则处于弱势地位，由此而出现了西方文化的话语霸权。

  我们要追本溯源，就是把哲学放到它的起源时期来加以考察，分析各种哲学的基本思想及其发展理路有哪些不同。就如我们现在要考察黄河的起源一定要追溯到青海的巴颜喀拉山，要考察长江的起源，一定要追溯到青藏高原的格拉丹东雪峰，没有源头的涓涓溪流，就无法形成黄河和长江浩浩江水。在接下来的课程中我们将要探讨的问题，就是通过三大哲学系统的起源及其各自的演变，把握它们各自的特质，最后落实到我们自己的哲学——中国哲学，探询它在现代社会中发展的可能性。这个问题我们可能暂时无法解决，但是我们起码可以为解决这一问题提供一个思路。

第二讲

轴心期哲学的突破

今天讲的题目叫"轴心期哲学的突破",就是从哲学最早的起源来看哲学。轴心期这个概念,是德国哲学家雅斯贝尔斯在《历史的起源与目标》一书中第一次提出的。所谓轴心期,相当于中国的春秋战国时期,尤其是公元前800年到公元前200年,在这六百年期间,在全世界有三个地方(或者说是四个地方),产生了哲学。印度、中国和希腊,像三个点一样,构成了哲学中心;还可以加上以色列,以色列正是犹太教兴起的地方,是宗教,与其他三者区别开。这三个地方,形成了"轴心期",而这个时间正是我们中国春秋战国百家争鸣的时期,在这三个地方同时形成了哲学,称之为"哲学的突破"。突破什么?向谁突破?是哪一个突破?突破是突破宗教神话!所谓宗教神话,那是一个感性的、信仰的、原始的思维模式,人类第一次用理性、用大脑来考虑宇宙人生问题,这就是哲学的突破。

在轴心期以前,世界上古代的文明,至少有五大文明,除了中国文明、印度文明,还有巴比伦,即两河流域,就是伊拉克巴格达那个区域,文明程度是很高的,古代埃及的文明程度也很高。这个时候的文明辉煌灿烂,埃及建造了金字塔,到现在还令世人惊叹,但是那个时候没有哲学,只有宗教神话。巴比伦,也是只有宗教神话,印度也是只有宗教神话,中国古代夏、商、周,那个时候,也只有宗教神话,而没有哲学。希腊那个时候有没有呢?古代文明的时候?你们看看《荷马史诗》:奥林匹斯、宙斯、波塞冬、雅典娜,诸如此类都是宗教神话,没有哲学。

哲学从什么时候开始呢?就是轴心期才开始的。这个"轴心期"的概念意义在于它突破了"西方中心论"。世界文化不是以西方为中心的,哲学也不是西方才有的,这是雅斯贝尔斯的轴心期理论的贡献。我们现在就把哲学放在世界历史大环境、大框架中间做出个定位。我们中国有哲学,希腊也有哲学,印度也有哲学,这三个地方的哲学,都是平起平坐,人类在哲学的起源上,一开始就是多元的。

第二讲 轴心期哲学的突破

"西方中心论"在西方原来也是没有的,"西方中心论"的一个最高的权威是黑格尔,他写了一部《历史哲学》,说东方固然也有自己一段很长的历史,但是,那不是真正的历史。他的《历史哲学》有一部长篇的序言,把东方,包括中国、印度、埃及统统撇开,他认为真正历史的开端是希腊,希腊人是西方精神的家园,因为西方以希腊文化作为自己的哲学的家园,一直发展到日耳曼,日耳曼就是德国,德国就成了西方中心的中心。黑格尔建立了一整套理论构架,还用一个哲学的道理来说明他所坚持的偏见,这个偏见就是"西方中心论",就是"绝对理念"。黑格尔在《哲学史讲演录》里面谈到中国的哲学,他说孔子的那一套只是格言而已,道德格言、人生格言,谁都能讲得出来的,算不上什么哲学;《易经》和《老子》有点像哲学,但是它太浅薄,没有逻辑的论证,因此不是哲学。哲学是从希腊开始的,中国没有哲学,这套观念影响了西方很长一段时期。

"西方中心论"的崩溃缘于三个大的事件:(1)第一次世界大战的时候,德国人斯宾格勒根据第一次世界大战以及西方文化的种种危机弊端反思开来,写出了《西方的没落》一书。

他把世界的文明分成几大块，认为西方已经进入了没落期。（2）第二次世界大战时，雅斯贝尔斯通过反思提出了轴心期的概念，认为世界的文化中心、文明的起源在轴心期至少有三个，如果包括以色列，则有四个。两次反思，都对西方中心论起到了颠覆的作用。（3）冷战结束，美国人亨廷顿又写了一本《文明的冲突》，就把世界上的文明也分成几大块，有基督教文明、伊斯兰文明、儒教文明，还有日本文明、非洲文明。亨廷顿认为，冷战之后，世界上产生了一种不是政治、不是经济也不是意识形态的斗争，而是文明和文明之间的斗争。"西方中心论"在20世纪这三次大事件的冲击下，不断地被摧毁，西方的一些高级知识分子、思考者就慢慢地反思，反思得出西方并不是中心，世界的文化有多个中心，多个中心是几千年发展的一个结果。

我们现在就在这个大的框架之下来考虑哲学，考虑文化，考虑各种各样的事实。这是一个大的参照系，就是把中国，把美国、西方都纳入到一个大的、世界历史的大框架里去看，不要眼睛只看在一个方面，特别是不要坐井观天，更不要作茧自缚。实际上，我们不要以为，这是西方人的说法，中国人

第二讲 轴心期哲学的突破

在"五四"时期就反对"西方中心论"。梁漱溟 1920 年在北京大学的讲台上讲演《东西文化及其哲学》，这本书也是把全世界的哲学和文化（和雅斯贝尔斯一样）分成三大块，中国、西方、印度，可是三大块都不一样。不过，他是在"五四"那个时候，说西方文化是以征服自然、改造环境为路向，印度文化是以意欲反身向后要求为根本精神，中国文化是以意欲自为调和持中为根本精神。西方的文化是向外征服的，印度的文化是向后看、追求来世的，中国文化是注重现实的，在中间；也就是说，一个向前，一个向后，一个注重现实。这本书值得一看，但这个说法背后的根本理念是柏格森的心灵哲学，而柏格森也是西方人。还有金岳霖先生，他在 1940 年左右写了《论道》，也是把中国、西方、印度做了个比较。金岳霖是位哲学大师，他的理论根基是"新实在论"，他根据"新实在论"，运用逻辑的分析，写了《知识论》，就是《论道》和《知识论》这两本书，一辈子就是这两本书（《知识论》这么厚，我到现在还看不懂）。北大哲学系的胡军教授是研究金岳霖的，把《知识论》做了个剖析。可是对于"知识"，金岳霖认为只是可信而已，并不可爱，为什么呢？完全是西方的嘛，所以他写了《论道》。他说，中国不是讲知识的，中国是讲道的，中国、西方、印度，有不一样的哲学问题，不一样的价值取向，不一样的思维模式。金岳霖作的这个比较和雅斯贝尔斯的轴心理论是一样的，但是在哲学上比雅斯贝尔斯要更加深刻，因为雅斯贝尔斯是一个存在主义哲学家，存在主义哲学家不讲逻辑分析，而金岳霖是"新实在论"，最擅长的就是逻辑分析。所以他一下就把握到了哲学的基本命题，认为在中国、印度、西方各不相同。

现在回到我们的问题上来，我们现在讲的是"轴心期哲学的突破"，我们从这一个观点、这一个大的框架来看，哲学的起源是多元性的，而不是一元性的。关于哲学的定义，至少这三个文化区有不同的看法，正是因为有不同的看法，所以，才产生了三个不同的哲学的系列、发展的系列。有一个专门的词叫"谱系"，它像家谱一样，姓王有姓王的家谱，和姓张的不一样，和姓刘的不一样。现在哲学至少有三个家谱，哪三个呢？中国式的家谱、印度式的家谱、希腊式的家谱，现在这个家谱我们可以横向地比较，但是绝不能拿西方的谱系来看中国的，恰恰我们一百多年来就老是忘记了这一点，老是拿西方

第二讲 轴心期哲学的突破

的东西来套中国的,这样一来中国哲学就成了什么呢?成了世界哲学的展览馆、西方哲学的展览馆。西方不管有什么流派,中国很快就搬过来了:西方有杜威,马上把杜威搬过来了;西方有罗素,马上把罗素搬过来了;西方有康德,把康德搬过来了;有黑格尔,黑格尔搬过来了;马克思,搬过来了……现在更多了,什么一下子"后这个、后那个",福柯、德里达,你们都知道这些名字吗?让人眼花缭乱。这个哲学界,各种新名词都来了,什么都有了,可是就是没哲学。

现在我们就把轴心期这个理论所引发的更深层次的思考好好地讨论一下。雅斯贝尔斯在《历史的起源与目标》中第一次提出"轴心期"理论以后,又非常严谨地提出了四个问题来讨论。第一个问题:轴心期,在历史上,是不是存在这么回事?有没有历史根据?这很重要的,这是个事实问题。你们说有没有这个事实呢?凭印象,是不是在那个时候,相当于中国的春秋战国时期,只有中国、印度和希腊三个地方有哲学,所有别的地方,一律没有哲学,是不是有这么回事?日本有哲学吗?那时日本还不知道在哪里呢!但是轴心期的确日本和朝鲜都没立国。那么美国呢?美国立国才两百多年呢。确实是的,世界上没有其他地方有哲学，只有这三个地方有哲学，雅斯贝尔斯花了一定的笔墨来论证这个东西，确定他这个轴心期的理论提出来，不是乱说的，不是胡说的，是确有根据的。

第二个问题：既然"轴心期"这三个地方有哲学，它的性质是什么？关于这个性质，雅斯贝尔斯说了这么一些道理，这些道理很有意思。他说这三个地区，彼此是互相隔绝的，考虑的都是这三个地区自己的地区性的问题，中国是中国的问题，希腊是希腊的问题，印度是印度的问题。地区性的问题带有民族的比较狭隘的特点，可是，这个地区性内在地蕴涵着一种全球性，也就是人类性，哲学不是一个民族的东西，在民族的地区中间蕴涵着哲学的道理、全人类的道理。比如说，人怎么才能幸福？中国人考虑人怎么才能幸福不只是说中国人如何幸福，也包括所有人都应该幸福。是不是？人性善，人性恶，这个"人性"的人，是包含人类的。希腊和印度也是这样，在地区性、民族性中间蕴涵着全球性、人类性，这就是"轴心期"的意思，这就是哲学的本质。一开始哲学考虑的都是一个普遍的、全球的、人类的，但是它的根基是什么呢？地区的、民族的和文化的，这些个别中间蕴涵着一般，哲学大概是这样的。

第二讲　轴心期哲学的突破

比如说你是张三,你这个张三虽然是你这个个体,但是你也是个人,不是别的物种啊,张三本身是个人,个别中蕴涵着一般。所以在希腊、印度、中国,它三个在考虑本身地区性问题的时候,本身就有一个全球性和人类性的蕴涵,个别中蕴涵了一般,这是个哲学道理,这是"轴心期哲学突破"的意义。它和宗教不一样,关于宗教的神话,古时候有图腾,图腾只有部落性,比如说我这个图腾,我姓余,就可能是只鸟,你姓王,可能是个熊,这个鸟和熊是打架的,鸟不保护熊,熊也不保护鸟,所以这个是部落主义、分散主义……宗教神话都是这样。哲学和原始宗教神话不一样的地方就是在这个民族性地区性中间蕴涵着全球性和人类性,我们中国人当时所采取的这个哲学也具有天下人类的意义,希腊、印度也是如此。这是第二个问题,是雅斯贝尔斯反复证明的。

第三个问题:为什么人类在当时交通不方便,彼此不相知道的情况下,居然有了哲学的突破?就同时考虑了全球性、人类性的问题,这怎么可能?是怎么形成的?雅斯贝尔斯认为,这是个历史之谜。猜不透的,我们到现在谁也没猜透这个事,为什么古代希腊一下子会产生了哲学出来呢?一定要从历史的各个方面来进行个全面的研究，但是没有一个人研究出来，我看了很多哲学书，都答不上来。中国突然之间为什么会冒出个孔子，突然之间冒出个老子，可是老子怎么出来的？他的头脑特别发达呀，比我们要高级得多啊，是上帝要他这么想的吗？解答不出来的。比如说希腊，古希腊这个哲学首先是谁突破的你们知道吗？第一个，把宗教神话变成哲学，就是泰勒斯。关于泰勒斯我们现在知道的就是一句话，他说，宇宙的始基、最根本的基础是什么呀？是水。不是上帝，不是神，就是水，水是宇宙的始基，是开始的基础，这一句话就揭开了希腊哲学的序幕。可是为什么是泰勒斯揭开了哲学的序幕？他凭什么说出这个话来？有什么样的条件？这个搞不清呐！黑格尔没搞清，罗素也没搞清，你们不信把西方哲学史拿来看看，谁能够说清楚泰勒斯是在什么情况下说出了成为哲学开端的"水是万物的始基"这句话？说不清。雅斯贝尔斯自己也很坦率地说：我不知道。这是奇迹，人类伟大的奇迹。

第四个问题："轴心期"的出现对未来几千年，直至现在，其意义何在？这很重要。雅斯贝尔斯认为它的意义就在于，这三个地区的人，要不断地回到这个"轴心期"的文化创造里去

第二讲 轴心期哲学的突破

寻根，寻找它的根源，因为文化、哲学，都离不开"轴心期"的文化创造，只有寻到这个根以后，才能够开发出新的东西来。最典型的就是西方的"文艺复兴"，简单地说，文艺复兴就是文艺复古。复什么古？复古希腊的古。由于欧洲中世纪基督教的经院哲学盛行，人们被神学统治了，匍匐在神的脚下，忘记了哲学，丧失了自主思考的能力。到了文艺复兴的时候，欧洲才回到古希腊的人文主义，就是"以人为本"的这个哲学本源上去，这才产生了欧洲的这个现代化的进步。"文艺复兴"在欧洲是一个伟大的历史事件，中国也曾经有过，印度也曾经有过，每一个民族都要不断回到它原来的那个轴心期的参照里面才能找到下一步发展的起点，离开这个根，做不到。印度要文艺复兴，它去找希腊的根，行吗？中国文艺复兴，去找印度的根，行吗？中国曾经把佛教看作中国的一个指导思想，结果没成功。后来中国学西方，言必称希腊，也不行。因为希腊是西方的，不是我们中国的根。在轴心期文化创造以后，历史有两千多年的发展，这两千多年的发展中，至少在15、16世纪以前，中国、希腊、印度是平行的，齐头并进的，可是到了西方文艺复兴，以此为标志，西方文化就成了强势文化，印度和中国的文化就慢慢地衰落了或者停滞了，这才产生了20世纪我们中国人的困境。所以为了回答这个问题，我们需要重新去找轴心期的例证。

我们介绍了轴心期的概念，目的是为了给大家提供一个坐标系，获取一个自己的时间和空间的定位，怎么定位呢？你们知道，航海一定要有经纬仪，有经有纬。如果知道我们现在在什么位置，东经多少度，北纬多少度，我们就能确定自己该往哪个方向走。所以，搞哲学的也应该有一个定位仪，轴心期的概念就可以给我们提供一个非常宏观的世界历史的坐标，让我们把西方的哲学、中国的哲学和印度的哲学这三个大的哲学系列放入一个世界历史的框架中间，这样我们就可以毫无障碍地打开视野，一目了然。这不是从定义出发来看哲学，而是从历史发展的过程来看哲学。

回到"轴心期"这个概念上来，在公元前800年到公元前200年这段时期，这三个地区，不约而同地在互相隔绝的情况之下，产生一个历史的奇迹，他们立足于自己的文化的本位，考虑了关乎全人类的问题，都是哲学。因此，在这个轴心期，形成了不同的哲学经典，比如中国的哲学经典，有《论

第二讲 轴心期哲学的突破

语》《孟子》《老子》《庄子》等等，多数在春秋战国时期形成，它们把中国人自己的哲学探索，形成了儒家、道家、法家、阴阳家、名家诸子百家；在西方也一样，苏格拉底、柏拉图、亚里士多德，还有很多哲学家，形成了希腊的哲学经典；在印度，我们以后要讲，《奥义书》、耆那教、佛教，还有好多，那也是一个百家争鸣的时代，用佛教的话说，就是除了佛教以外，还有九十六种外道，也形成了各自的经典。

经典形成以后呢，马上就进入了一个后经典时期；也就是说根据那几部根源性经典，以之作为辐射点辐射，就是后经典时期。后经典时期就和世界帝国连在了一起，在那个时候，这也是历史的一种非常奇特的现象。在印度，在南亚次大陆，形成了一个庞大的孔雀王朝，那是个大帝国，这个孔雀王朝就把印度当时所形成的经典利用王朝行政的力量、政治的力量进行辐射，在印度次大陆就产生了一个南亚地区的大的文化区，这个文化区到现在还有。除了印度以外，泰国、斯里兰卡，还有柬埔寨，都是属于南亚，是印度这个辐射区所形成的。那么，西方的后经典时期是怎么发展的呢？罗马帝国，了不起呀，整个地中海都包括进去了，横跨欧、亚、非三个洲，希腊的这些文化经典扩散到整个罗马帝国的疆域之内，这是一个非常大的文化区。那中国呢？秦汉帝国，都是由这个轴心期形成的文化的参照，这样，在中国这样一个大的区域，就是一个很大的文化区了，中国形成一个文化共同体，不是在春秋战国时期，主要是在汉代形成的。我们叫汉人，为什么叫汉人呢？因为到汉朝才形成了一个大的文化区，这个文化区的形成时期，就是后经典时期，源头还是先秦那些经典。经典具有很大的辐射力量，向外辐射。中国在秦汉时期形成的这个辐射的范围，超出了中国的版图。现在的韩国，是属于中国的文化区的；日本，到中国来学习，也是属于中国的文化区的；还有越南，也算。中国的文化区非常大，整个东亚，都是当时的文化区所形成的。

世界上还有其他好多民族，他们错过了这个轴心期的文化创造，只能受轴心文化的影响，不可能再创造了；只能够从轴心期那三个大的文化区里吸取它自己的资源，进行再创造。这是事实啊，想想看，在罗马帝国时期，整个的欧洲，受到希腊化的影响，将希腊、罗马的文化吸收过来，他们进行进一步的创造，就形成了整个西方文化。中国也是如此，周边地区，错过了轴心期，之后受到我们先秦时候的文化创造的影响，它不可能原创了，历史没有提出另外一种可能性。以前说是各个民族都是平等的，每个民族都能创造自己的哲学，可能吗？每个民族都有自己的哲学吗？如果说他们有哲学的话，不外是吸收了这几个文化源头，进行了再创造。

　　文化发展到后来就发展不均衡了。从15、16世纪开始，文化的竞争变得非常激烈。西方由于偶然的因素（不是必然的），产生了文艺复兴。经过了文艺复兴，西方以希腊本土的文化为根据，进行了宗教改革、科学革命，然后是工业革命、政治革命，然后就向外扩张，这个向外扩张就影响到了世界近代史的进程，所以世界近代史的进程都是以西方为中心，向外扩张的。在这个扩张的过程中间，中国衰落了，印度也衰落了。中国的相对衰落大致相当于从明朝时候开始，在明朝以前，中国文化并未衰落。在衰落的过程中，各个民族有的开放，有的封闭，开放者先进，封闭者落后。尽管这一时期西方文化相对开放、相对先进，但它并非一直如此。比如，西方人有一千年不知道亚里士多德。本来亚里士多德自己是西方人，希腊人，不就是西方的吗？可是德国、法国、英国这些国家，这些西方欧洲人在中世纪并不知道亚里士多德，他们后来是从哪儿知道的？从伊斯兰教知道的，从阿拉伯人那里知道的，从阿拉伯文化的介绍中转而发现了亚里士多德原来是西方人。

再看中国，四大发明在中国没有产生更高的价值，促进我们进一步的发展，但却被西方人都学去了。火药，他们去做枪炮，转而带着枪炮过来，中国被迫落入了苦难。印刷术，中国发明得很好啊，但是中国没怎么用来印刷书籍，西方人学去后大量地印书。指南针，中国用来看风水，西方人用来航海，发现了新大陆。明朝的郑和下西洋，那是很好的嘛，可是朝廷马上又把他召回来，不让去了，封闭。所以，文化有兴有衰，兴是由历史的各种英雄所推动的，开放和封闭是很重要的一环。15、16世纪以后，西方文化不仅是开放，而且是扩张，是征服，征服了全世界，它靠的是什么呢？按照雅斯贝尔斯的说法，这个叫作科学技术时代。到了后经典化以后，经过16世纪文艺复兴，就到了现在这个时代，我们就在这个地方面临诸多困境。

那么面临这么多困境，这个东西，我上一次也给大家讲了，几种不同文化，发生融合和交流的时候，有强弱力量的对

第二讲 轴心期哲学的突破

比问题。两个强势的文化之间的交流是一种平等的对话；弱势文化和强势文化交流，则是另外一个样子；还有一种，强势文化向弱势文化交流，又是一种情况。

我们先说强强交流这一种。中国曾经有两次强强交流的情况，一是从东汉末年开始，一直到隋唐，中国文化和印度文化交流，是不是？中国文化和印度文化交流，互相之间也有很大的冲突。一些中国人虔诚地信仰佛教，如玄奘去西天取经，经过千难万险，终于把佛经从印度取回来了，好像中国是个弱势文化，要到印度去求这个真经。中国当时还有另外一种反应，知道吗？中国人不服。因为按照佛教信仰来说，印度就是中国的西天，于是中国人写了一本书，反映了这种不服，是什么？《老子化胡经》。说老子当年，在函谷关这个地方写了"道可道，非常道……"写了五千言，留下给中国作经典，然后就骑了头青牛，西出函谷关了，结果往哪儿去了？到西方去了。西方是哪里呢？印度。去把印度教化出来。印度是胡人，若不是老子去教化他们，印度是没有文化的。所以，这就是强强交流的情况。我们现在就绝不能说是老子化胡、老子化西，而是西方化中了。但是强强交流是平等的对话，虽然有冲突，有碰撞，但是最终会融合，最后中国把印度的文化、佛教文化，全部消化了，把它中国化了。现在，佛教在印度几乎找不着了，一度绝迹了；但由于中国，在东亚却保留了下来。印度的佛教传到中国来，有两个传法，一个是汉传，传入汉地，就是我们中原大地；还有就是南传，就是传入东南亚，我们云南也有，傣族信仰的就是南传佛教，包括柬埔寨、泰国都是南传佛教，还有少部分传入西藏。日本有汉传的佛教，朝鲜、日本的佛教都是由中国传去的，整个中国和印度，从汉末到隋唐，那是强强交流的模式。这是平等的对话，我吸收你的东西，但不会服从于你，依附于你，而是把它消化过来，拿来，成为我自己的，成为一个中国式的东西，这是一种。

明朝时候，中国还是个强国，到了明朝末年，意大利的传教士利玛窦来中国传教，那个时候也是一种强强交流。利玛窦到中国来之后，先是想依靠佛教作为他的势力，后来发现佛教在中国不是主流，一定要依靠儒家、依靠儒学然后翻译西方基督教的经典，就把基督教叫作天主教。天、主，西方人不叫天，叫上帝，中国呢，夏商周三代的宗教，中国人敬天法祖，是崇拜天的，于是，他就把它翻译成天主教，天主就是上

第二讲 轴心期哲学的突破

帝嘛,还有好多种说法,目的就表示这个基督教和中国原来的宗教和文化没有任何的差别,是一体的。当时有一个徐光启,他信仰基督教,那是个大学者,他帮助利马窦翻译了《几何原本》,翻译了西方的天文历法,好多的知识。那个时候,如果不打断中西方的交流,在强强交流这个情况之下,中国就不是后来那个样子。

后来中国封闭了,封闭的原因有很多,罗马教皇有责任,中国的皇帝也有责任。康熙、雍正、乾隆这三朝,那个时候罗马教皇反对中国人在拜了上帝以后还敬自己的祖宗,教皇反对祖先崇拜。中国人不答应,怎么能不敬祖先?!中国的三个皇帝都认为这是侮辱中国的国格,我们中国的文化就是要拜祖先的,敬天和祭祖是可以并行的,可罗马教皇就教条,他下禁令不让教徒拜祖先。禁令发布以后呢,中国的皇帝凭自己的力量又把罗马教皇的禁令给禁止了,就这样中西的交流就中断了。没过多少年,鸦片战争爆发,中国战败,西方就凭借着自己强大的枪炮打开中国的大门,这时候不接受也不行了。所以,最后的侵略除了政治的、经济的以外,还有文化的、哲学的,这就形成一种弱强关系,中国是弱,西方是强;反过来说,西方是强，中国是弱。我刚才也说过，"西方中心论"是从黑格尔开始的，黑格尔生活的时代是18世纪末19世纪初，正好是鸦片战争之前。那时中国已经衰落了。在黑格尔以前，像德国的莱布尼茨、法国的伏尔泰、狄德罗等，好多西方的学者，这些西方高层次的人物，哲学家、文学家，都把中国当作典范，认为应该好好地学中国。一直到中国在鸦片战争中战败才有了"西方中心论"。"西方中心论"是什么意思呢？强和弱是什么关系呢？这个关系，用美国总统布什的话来说，我送给你，把它灌输给你；你是文化落后的，你是野蛮的，不开化的，不文明的，要我们用西方的文明来教化你们，把你们带上西方之路。那么弱势文化呢？那就是洋人哲学、买办哲学，什么都是外来的，月亮都是外国的圆，一下子把西方的东西全搬过来了。在两种不同的情况之下，产生了一系列的矛盾，中国就缺失了对自己的定位。

  这个不是随便说说而已，你们如果了解中国近代史，或者现代的哲学史，就可以知道，经过这么几个阶段。鸦片战争之后，西方的文化、西方的哲学对中国形成了巨大的压力，当时林则徐、魏源、龚自珍，就提出一个"师夷之长技以制夷"的

第二讲 轴心期哲学的突破

主张,就是认为中国之所以比西方弱,就是因为没有这个洋枪大炮,把西方的洋枪大炮学过来以后,反过来制他,这是开始一个阶段的主张。后来有一些改良派,说不行,说中国还得要进行制度改革,把什么议会啊、通商啊这些东西学来进行改革。到了张之洞时就提出一个"中体西用",中学为体,西学为用。后来到康有为、梁启超变法,要学习西方,把中国的君主专制改成那个立宪君主。还有其他的各种改革,那也是尽量用中学来附会西学,用中国的什么"中学"呢?"春秋公羊学""今文经学",用这一套东西去接受西方的东西。结果,"戊戌变法"又失败了,直到孙中山提出"三民主义":民族主义、民生主义、民权主义,才慢慢地取得一些进步。

中国在世界文化大潮中究竟应该怎么办呢?我们自己应该站在一个什么样的地位呢?"五四"时候就分为三派,关于文化问题的讨论有三派:一是全盘西化派,认为中国必须要全盘西化才能够走上世界化的道路。全盘西化派也就是自由主义派,其骨子里头是自由主义的哲学;二是文化保守派,也叫国粹派,国粹派本质上是中体西用派,国粹派是要保持中国文化的本色,但是认为西方的东西也得学习;三是以陈独秀为代表的新青年派。《新青年》杂志影响壮大时，相对应的文化保守派也有一个很有名的人，就是北京大学的汤用彤先生，另外还有吴宓等，都是很有名的。

刚才谈的很多是政治意义上的斗争，我们现在从哲学上来说说这些人做出的各种各样的努力。现在大家都知道有个"新儒家"*，关于"新儒家"有很多说法，有的称熊十力为他们的祖师爷。熊十力原来是参加过辛亥革命的，后来退出不干了，为什么？他说你这革命打打闹闹只能解决些小的问题，不能解决哲学问题，后来他就跑去学佛学了。当时有个佛学大师，欧阳渐，也叫欧阳竟无，他在南京办了一个支那内学院，熊十力去那里学佛教，学了佛教之后，认为佛教不能救中国，不行，就叛了；叛了佛教就归于儒家，叫现代新儒家就是这个意思。熊十力写了一本书，叫作《新唯识论》。唯识论是佛教的一种学说，他用儒家的观点写《新唯识论》，把佛家的观点推翻了。这是由佛返儒，结果他的老师欧阳渐就很生气：你本

---

* 这里指的"现代新儒家"，国际学术界通行的说法是New-confucianism，以区别于宋明理学家，后者一般被称为"新儒家"Neo-confucianism。

第二讲 轴心期哲学的突破

来跟我学佛，怎么又跟了儒家，搞什么新儒家？他就叫他的另一个学生写了一篇文章《破新唯识论》，这是一篇大文章，很长。可是熊十力看到这个《破新唯识论》以后，他就再反驳，写了篇《破破新唯识论》，这样子，熊十力这个新儒家鼻祖的地位就确立了。

熊十力在北京大学讲课培养了一大批学生，他去世以后，他的三个学生牟宗三、唐君毅、徐复观去了香港、台湾。他们继承了熊十力的思想，弘扬儒家，就是中体西用、文化保守主义。可是要弘扬，就要搞出个真正的哲学来呀，最后搞得什么样子？说说看。他们的哲学，必须用西方的哲学作参照系才行，如果不用西方的哲学作参照系是不行的。我们说熊十力写这个《新唯识论》，表面上他的理论是佛教的，但是他骨子里头是用着法国的柏格森的生命哲学作底子，这和梁漱溟是差不多的。到了他的三个学生，牟宗三，他用什么哲学作底子呢？新康德主义，他用新康德主义作底子；唐君毅，他用什么哲学作底子呢？新黑格尔主义，他用新黑格尔主义作底子；徐复观中国的味道比较浓，可是背后骨子里是个自由主义的底子。

新儒家这个文化保守主义学派在近代的中国，回应西方文化的挑战，有各种不同的表现，而且还非常复杂，主要是有两大派。哪两大派呢？新程朱、新陆王。宋朝时候的二程、朱熹叫程朱，冯友兰是那一派，新程朱派；新陆王派呢，就是熊十力，加上他的三个学生，还有贺麟，叫新陆王派。陆王是心学，程朱是理学，而新儒家两派骨子里头背后，都是用西方的哲学和中国的哲学互相参照。

这些都是中国人在20世纪碰到的困惑。那么现在我们回过头来，一百多年来，尽管搞来搞去，各种想法都尝试了，还是没有找出一条根本的路。让我们现在回到这个轴心期的起源上去看看，还是我刚才讲的，我自己最认可的，是金岳霖先生的说法。我们梳理完前面那些背景以后，下面就要顺着这个思路讲。金岳霖先生在抗战时期，1940年左右，写了一本《论道》，他看的问题，比雅斯贝尔斯看的问题还要深，他是从哲学的角度，来比较中国、希腊、印度三种哲学，有什么不一样。金岳霖先生认为，这三个不同的地区，三个不同的系列，或者说三个文化区都有自己的中坚的思想，中坚就是核心，都有那么一个核心。因为他是大哲学家，他对中国、希腊、印度

第二讲　轴心期哲学的突破

这三个地方的哲学都有自己的研究，他说希腊哲学和文化的核心是——逻各斯。整个古代希腊的思想，从古希腊开始，都是以逻各斯为终结思想、核心主题，都是对逻各斯的一种探索，延续了两千年。假如你不懂得逻各斯，不知道西方人考虑什么，那你就根本不懂西方。印度哲学是什么呢？印度哲学是梵我同一，它用了佛家的话"如如"，就是那个样子。印度的如来佛是什么？如来就是那个样子。世界是什么东西呀？就是那个样子。人生是什么样子啊？就是这个样子，就是回到事情的本源，就是梵和我是同一的。以后我们将专门讲这个问题。中国的哲学是什么呢？道。

这三个地方都不一样。中国人不考虑什么逻各斯不逻各斯的，中国人也不考虑什么"梵我同一"，中国谈的是道。道是什么东西呢？什么叫作"道"呢？下一个定义，什么东西呢？不是道路，那只是路，道就是"由是而之焉"。由这个地方到那个地方，就是由是而到，到那个地方去；如果我从这儿走，能到那个地方吗？到不了，"由是而之焉"，这里面有很深刻的哲学味道。既然"由是而之焉"，就有条路。这个道可多了，有天道，有地道，有人道，还有各种各样的一些道，打仗有兵道，写字有字道，喝茶还有茶道，喝酒还有酒道，这个道无所不在呀，万事万物都有个道。所以说你达不到这个道啊，就是说你境界太低。"由是而之焉"的这个道，你必须要得道。要得这个道，就要修道。修了这个道以后呢？还有个行道，推行这个道。这些都不是逻各斯啊，逻各斯是个什么玩意呢？客观的理性。比如说，这本书背后的本质是什么？我一定要认识它，它就产生在知识论里边。我认识了以后，干不干，行不行，西方人不要求这一点，他不要求行不行的问题，理论和实践脱开了，这就是马克思说的一句话：过去一切的哲学只是解释世界，而现在我们要改变世界。希腊哲学，西方哲学很长一段时间只是解释，找出它的逻各斯就完了。印度哲学呢，它找出那个"梵"以后呢，是为他自己，成佛，梵我同一，达到涅槃。涅槃是什么意思呢？就是这个梵能够与我合一。中国不是这样，中国是现实的，人一定要把道当作一个本身的需要，要对它有一个客观的了解，然后根据这个了解，不仅要解释世界，而且要改变世界。

根据金岳霖的说法，还可以做很多的描述，简单来说，西方的哲学着重于一个理智的了解，对于人生，对于宇宙，对于

第二讲 轴心期哲学的突破

科学，我一定要问出个一二三来，理智上非常紧张。你学西方哲学，一定会进入知识论的这个层面，好好去研究，从各个方面求理智的了解。印度哲学呢？求情感的满足，我们用这个哲学以后，我就得到一种情感的满足，所以印度的哲学基本上是宗教的哲学。重视宗教、情感，人能归依的、有归属感，理智的了解不一定重要，情感的满足才是非常重要。那么中国呢？理智情感都要，你总得经过了解才可能知道，"由是而之焉"，情感得到满足。所以，金岳霖说，我虽然学的是西方哲学，但中国哲学是我的最爱。所以，他就写了这本《论道》，这是他的归宿。

这三种哲学的特质都是轴心期形成的。根据轴心期理论，可以用这几个词来形容这三个地方的哲学，由此，在世界历史上，在世界文化史上，就形成了三种不同的哲学形态。在这些不同的形态中间有不同的思维和模式，所以，三者考虑的问题、思维的模式不一样，背后支撑的价值理想也不一样。哲学追求什么？希腊追求一个理智的了解，印度追求一个情感的满足，那么中国理智和情感都要，要了解这个东西，我们才能进一步来看哲学，才知道哲学是什么。

今天讲的是轴心期哲学的三个文化起源,后面的课程我会分别来讲,一个是古希腊哲学——西方的哲学,它的逻辑发展的过程是怎么回事;再一讲就讲印度哲学;然后回过来讲中国哲学。讲完以后我们就能有一个更广阔的知识结构来理解哲学。

第三讲 西方哲学导论（上）

　　我们这门课已经上了两次，两次讲的都是哲学导论，哲学导论最重要的主题就是要回答哲学是什么，究竟什么是哲学。听课的同学中，有的是本科生，或许在未来的几十年间，要把哲学当作自己的专业，还有一些是外系的学生，外系的学生选修哲学导论，是希望知道哲学究竟是什么，这是萦绕在他们心中的一个问题，所以，不管是本科生也好，外系的同学也好，都对哲学是什么这个问题产生很大的兴趣，迫切地需要回答这个问题，可是我讲了两次，没有给你们回答这个问题，反而把这个问题提给大家，要你们来想一想，究竟哲学是什么？我想这个问题是谁也答不上来的，这是个永恒的困惑，我之所以提出这个话来，就是要和那些哲学教科书有所区别，其实这个困惑也是我自己的困惑，也是我的老师——那些真正的哲学家他们的困惑。

拿冯友兰先生来说，他曾经给哲学下了这么个定义，说哲学是说出一个道理的道理，它是一个道理，但是用一套逻辑的程序、一套系统的推理，把这个道理讲出来，让别人听得见，让别人相信，这是他早年给哲学下的定义。后来他反复研究，写了《中国哲学史》上、下两卷，这本书很有名，是有国际声望的，后来在美国又出版了英文版的《中国哲学简史》，还继续写了他的《新理学》《新事论》等等著作，结果他悟出一个道理。他说，要知道哲学是什么，要两方面来想，一是从正面来想，二是从反面来想。

进入哲学之门，可以从正门进，也可以从后门进，有正的方法，也有负的方法，有时正的方法甚至比不上负的方法。如果我们不懂得逆向思维，换个角度来考虑哲学，往往会产生悖论，你这么说对，那么说也是对。比如哲学，冯友兰先生说是"说出道理来的道理"，我们现在通常的说法是，哲学是关于世界观的学问，是关于正确的世界观的学问，是研究自然、社会、思维、发展规律最一般的最普遍的学问。这样一个定义真是那么回事吗？这是值得怀疑的。如果说哲学真是总结了世界上的普遍规律，那我们就不是哲学家了，成了神了，成了上

第三讲 西方哲学导论（上）

帝了，无所不知了！学了哲学你们一个个都成了上帝，这可能吗？

后来冯友兰先生专门写了本书，叫《新知言》。《新知言》这本书专门讨论哲学的方法，就是怎样进入哲学之门。他的方法分两个，一个是正的方法，一个是负的方法，这个好像很难懂。但冯先生他会讲课，会讲比喻，他就给大家讲了个比喻。他说好比画月亮，正的方法画月亮怎么个画法呢？说白纸上画一个圆圈就是月亮，你们说是不是月亮，像不像月亮？他说正的方法总是给人误导，别人看这好像不是个月亮，以为是个圆盘，或者是个圆圈，或者是别的什么东西，就不知道它是个月亮；中国人比较聪明，善于用负的方法，负的方法就不画月亮是什么，而就从反面来画，这个什么方法呢？烘云托月，画云彩，不画月亮，画云彩画得非常的丰满，月亮呢？不画，自然就把这月亮烘托出来了。好多国画画月亮都是用这个方法，是不是？烘云托月的方法就是负的方法。如果用正的方法，你得证明它，说出个道理来，往往是使人不知道月亮是什么，你反过来说呢，烘云托月啊，就会让人对这个月亮有个生动的、动态的体会。

其实，冯先生所说的这个烘云托月法也不是他发明的，而是中国传统思维中的一种思维方式。这种思维方式从道家开始，后来被佛家的禅宗完全接纳和利用。禅宗有一本有名的经典书叫《指月录》。月亮是什么呀？用手一指，那就是月亮。可是用手指指出的月亮会产生一种误导，让人把这个手指头当成月亮，那个手指头是月亮吗？你把这个手指头当作月亮，结果就老是在这个手指头上面做文章，不知道真正的月亮是什么。所以，对真正的哲学来说，其实禅宗所发明，这个东西，就是老子所说的那两句话："道可道，非常道。"道就是哲学，可道，可以说，但是你一旦说出来，这个道就不是真的道了，不是那个常道了，你说出来的这个道，是那个手指头。别人会把你的手指头当作"道"。

上次我反复地跟大家讲，给哲学下一个定义是不可能的，哲学有各种各样，非常丰富，一个人一个说法，只要你是个哲学家，你一定有你自己的哲学观，你的哲学观和另一个人的哲学观肯定是不一样的，但是你把哪一个人的哲学观当作哲学真正的定义呢？这就会产生误导，所以我们学哲学，每一个人都应该把什么是哲学放在心上，反复地去想它而形成自己的哲

第三讲 西方哲学导论(上)

学观,这才是学哲学导论的真正目的和它的收获所在,如果希望听一节课或者看一本教科书就知道哲学是什么,那样的哲学往往是个假哲学,是不是这样的?"哲学是什么"这个问题本身,按照冯友兰先生的说法,是个悖论,悖论就是没法回答的,问哲学是什么,你回答说是什么,又不是什么,说不是什么,反而能够知道它是什么,这就是所谓悖论。

禅宗就把这个道理发挥得淋漓尽致。禅宗是最富于哲学思维的,在中国哲学史上有很高的地位。禅宗经常用当头棒喝。什么叫棒喝?大师经常设坛讲课,他不坐禅的,就是像我们这样开讲,一个老师在上面讲,学生在下面听,如果学生提问题,问什么是哲学,什么是佛法的大意?禅宗的精华、思想的精髓、核心思想是什么呀?一提这个问题,他就打你一棒子,或者大声呵斥。这是什么意思呢?就是把你这个问题消解掉,不能问的,这个问题是不能问的。

禅宗有一个大师叫临济,临济义玄,临济宗你们知道吗?他们都是些天生的哲学家。一开始临济禅师出家是为了成佛,希望懂得佛法的大意,他对此困惑不解,就跑去找老师,把这个问题提出来,"老师,什么是佛法大意呢?"老师一听,把他狠狠地打了一顿,他不敢问了。过了一段时间,这个问题还是没解决,这个问题还是存在的呀,他又去问,又被打了一顿,一连三次被打。那个老师也很有名,叫黄檗,义玄的老师。义玄三次被打,他还是锲而不舍地追问,到最后才知道,他参悟了这个问题,大彻大悟。到第四次再去问的时候,他反过来把老师揪出来打了一拳,这个老师没生气,说"好,这才是好学生,你已经成为一个大师了"。问老师问了三次,三次被打,最后才知道佛法大意是什么,你正面去回答,给它下个定义,说佛法大意是什么,哲学是什么,那样就说死了,就错了。为什么呢?正是因为它是活生生的,和生活各个方面紧密地联系着的。那么,佛法大意是什么?"饥来吃饭困来眠",平常心对待,你肚子饿了就吃饭,困了就睡觉,做一个无事人。真正的无事人就是个大自在的人,这就是懂得佛法的大意了。体会到这些了以后,他觉得豁然开朗。

　　我讲这个故事是要让你们知道怎么学哲学。这是花了十几年的时间才明白的啊,义玄二十几岁学佛,快到四十岁了,他才大彻大悟,悟的什么东西呢?"原来佛法无多子"。原来这个佛法没什么了不起的,就是这么简单,就是这么平常。但是

第三讲　西方哲学导论（上）

开始学习的时候，我们从正面出发，老是想哲学是什么，问一个究竟，这是不对的。我反过来说，佛法不是什么，把佛法和我们平常的生活，拉屎撒尿、吃饭睡觉密切地结合起来，从平常事物中看出深刻的哲理，那就是佛法。原来佛法没什么，没什么了不起的。

所以大家上哲学导论这门课，每个人都要积极地参与，都要动脑筋。有同学问，考试怎么考啊？我不会出些死题目给你们考的，比如临济义玄"原来佛法无多子"什么意思？不会考的。什么叫"烘云托月"？不会考的。你们自己写篇哲学文章，不管你写什么，从现在就开始想，到期末的时候交给我，开卷，也不闭卷，然后你可能就会对哲学开悟啊。这教室里面有一百多个人，希望将来这里面能出十几个未来的哲学家。

在第一讲，我讲哲学的定义是没法下的，是个困惑，不能从定义出发；第二讲讲了轴心期多元哲学的起源，现在我们对于"哲学"之所以难以下定义，是因为我们都是以西方的标准来衡量我们自己，所以近五十年来中国没有真正的哲学家。通过了解轴心期，中国、希腊、印度这样的多元文化，我们走进哲学的大门，看到了丰富的哲学景观。如果你在这三个大的文化区奋力走一趟，了解了它们的多元样态以后，你慢慢就会体悟到哲学离不开历史、离不开文化，离不开这三个地区它们原有的宗教背景。这就是所谓的什么呢？这就是"烘云"，从历史文化的角度烘托，烘托以后再来说哲学是什么，那我们就有的说了。

我上次简单说了一下，雅斯贝尔斯的这个"轴心期哲学的突破"，只是讲了一个哲学的事实，这个事实确实存在于历史上。在中国的春秋战国时期，全世界仅有这三个地区有哲学，除了这三个地方以外，别的地方还没有产生哲学的思考，这是事实。这三个地方形成了哲学以后，就形成了三个点，这三个点往外延伸扩大，就形成三种文化的模式、三种哲学的形态、三种哲学的思路，这与三个地区的历史文化是紧密相连的。近代以来，在全球化的进程中，这三个地区的界限就被打破了、消融了，发生对话、对抗、碰撞，情况就与以前不一样了。我们追本溯源，回到轴心期看三种哲学的不同起源，从这里来看，人们怎样从神话、宗教进入了哲学思考。所以上一次讲轴心期哲学的突破，现在为了"烘云托月"的这个过程，我们接下来将用两节课的时间来把西方哲学的历程勾勒一遍，再花两

第三讲　西方哲学导论（上）

节课时间讲一遍有着神秘情感和深刻思想的印度哲学。然后回到中国，看看中国几千年来的哲学是什么样子。将这三个地方的哲学勾勒出一个大致轮廓，然后把哲学思考、哲学事实和哲学家的精神，放到现在这个全球化的背景中来重新思考。今天开始正式讲西方哲学的内容。

　　根据金岳霖先生所讲的，这三个哲学有三个核心概念，西方的核心概念是逻各斯，印度是梵我一如，梵我同一，中国的是道。西方哲学的历程从古希腊开始，包括中世纪，近现代的法国、德国等，简单一句话，就是逻各斯中心主义。什么意思？希腊哲学的精神，就是逻各斯中心主义、普遍理性的立场。我们把哲学当作一个普遍规律，这个说法不是中国也不是印度创造的，而只是西方所特有的。一百多年前我们把这个定义搬到了中国，结果却导致了很多误导。每一种哲学的发生都有其宗教历史和文化背景。希腊哲学始于爱琴海文明，其社会组织是城邦，包括雅典、斯巴达等等，城邦林立。其宗教形式是史诗、神话，把人的世界定位于神的世界，以神来统治世界，中心就是奥林匹斯山及众神之父宙斯。他们创造了这个世界，每一个自然物都由一个神统治，这有长远的历史了。神统治世界后，人就只能听命于神，这就是命运。比如，普罗米修斯，从天上盗火到人间，宙斯为此暴怒，把他锁在高加索山的悬崖上，每天折磨，普罗米修斯虽然代表人类表示反抗，但也只能接受命运的安排，所以希腊在这个时候就有了悲剧，比如俄狄浦斯弑父娶母，这是注定的悲剧，是命运。希腊悲剧常反映命运的变幻无常。这使人开始思考有无命运，命运可否改变，支配着大自然的究竟是什么原因，由此开始有了哲学思考。

按照西方哲学史家的研究，如文德尔班，把希腊哲学分为三期：第一期，宇宙论时期；第二期是人类学时期；第三期是体系化时期。三期各有其丰富的内涵。

首先是对宗教神话进行阐释。希腊神话有个特点就是神人同形，有着相同的形状和性格。神来自于自然力量的人格化，如天神、海神、太阳之神，这时考虑的是自然而不是人的问题。第一个开始哲学思考的希腊人叫泰勒斯，他认为万物的本原是水，这一句话就揭开了人类的理性，这是哲学的开端，是非常有意义的事，他把神统治世界的问题化解了，把宗教神

第三讲　西方哲学导论（上）

学的问题转化为人的问题。后来又有人认为世界的本原不是水而是气，又有人认为是"无定型"，这就开始了希腊哲学的宇宙论时期。着重用人的理性来思考自然神话，这是非常不容易的。人类的理性觉醒，就产生了惊奇，对宇宙万物都感到惊奇，企图去解答。古希腊的哲学家都是有闲暇的人，可以去作哲学思考，去解答人的问题。哲学家不问世事，这也开启了西方为科学而科学的精神。古代哲学家们对世界的本原问题发生争论，这其中就蕴涵着理性思维、逻辑学的萌芽，后来慢慢发展，由具体到抽象。后来巴门尼德认为世界就是"存在"。这是个中文翻译的词，实际上就是 being，不是动词，是个系动词，后来我们翻译成"存在"，又后来翻译为"有"。巴门尼德认为把世界归结为具体物质的做法太浅薄、太形而下了，世界就是存在，是有，不是没有，也不是非存在。这样，世界的本原问题通过巴门尼德上升到本体论的高度。本体论就是存在论。人们开始想：世界的存在背后有没有规律？一定有个东西在支配着，它不是神话里的命运，只有存在是存在的，非存在是不存在的，那么究竟存在是什么呢？没人能说得清楚。

　　中国哲学讲天人是在一起的，天人合一，希腊从一开始就和中国不一样，宇宙论时期没有人学。下面就转为人类学时期。

政治问题、城邦问题、人如何在战争中找到自己的幸福……这些都是在人类学时期希腊人思考的问题。希腊哲学从宇宙论时期转为人类学时期，有很多历史背景，不是想转就可以转的，没有这些问题，就没有哲学家的思考，也就不会由对自然的研究转向对人类的研究。

希腊哲学从宇宙论到人类学是个伟大的转变，哲学的重心由自然转变为人，转变为人本主义，人的问题突出了。人们发现最值得惊讶的原来是人本身，认识你自己，认识"人"是什么，就成了这个时期哲学最重要的议题。人要做自己的主人。哲学包括了宇宙和人生两方面。哲学是什么，是研究宇宙和人生的最根本问题的东西，这与中国天人合一的思想有区别。希腊思想分阶段，且阶段非常清晰，由宇宙论转为人类学，不仅考虑自然，而且考虑人生。因为人生问题太复杂，比如什么是人生的幸福问题，很复杂，有各种各样的说法。这时候出现了智者学派，也叫诡辩学派。智者学派的大师招收学生，这在过去是不曾有过的，但这是人类认识的一个很大转变。一个伟大

第三讲 西方哲学导论（上）

的智者普罗泰戈拉提出："人是万物的尺度"，衡量一切都以人为标准，而不是别的什么。开始把神统治的世界扭转过来。可是对于什么是人，当时有各种定义和看法。首先，人有感性和理智，那么这个"万物的尺度"究竟是感性还是理性呢？比方说，感性认为抽烟喝酒好，理性认为不好，这就有问题了。所以这个"尺度"就很模糊。因此，智者学派在当时投入巨大的热忱来研究自然和人，但是也因此引起了混乱：一切都是相对的，就没有了任何的客观性，最后引发对尺度本身的怀疑。于是，每一个人都有一个尺度，全社会没有了公共的价值准则，致使道德败坏。当时希腊城邦很多人认为哲学伤风败俗，对青年人起了不好的作用。后来出现了一个更伟大的哲学家，苏格拉底，他的思想由具体走向抽象，由感觉主义走向理性主义，为相对主义找一个共同的东西，为主观主义找一个客观的东西。他到处跟人交谈，用他的否定式的辩证法去启发人，从别人的话推出一个相反的结论。苏格拉底认为美德就是幸福，美德就是知识、是智慧。他通过和别人的辩论，使人上升到理性层面。苏格拉底与中国的孔子可以相提并论。许多人愿意以苏格拉底为导师，愿意与他交谈，受到启发，认识到真正的人生。苏格拉底把青年人引向了理性，让他们可以独立思考而不再迷信神明。结果有人告发他，认为他亵渎神明、败坏道德、教坏青年、大逆不道。他被抓了起来，后被判处死刑。苏格拉底并不惧怕死亡，他拒绝了逃跑的劝告，最终饮鸩而亡。这是一个伟大的悲剧。黑格尔为苏格拉底辩护，把他提到提高人类精神的高度。黑格尔说，悲剧是什么呢？两种必然性、两种合理性的矛盾和斗争。苏格拉底有理性的使命，维护理性的尊严，用生命维护了这个尊严，也就是人类的尊严，悲剧就是如此。所有悲剧都是两个合理性的碰撞所造成的，最后用悲剧的形式显示人类理性的尊严，不是说一个是善一个是恶。苏格拉底是唤醒人、说服人、指责人的"牛虻"，他呼唤人们认识理性，追求美德。苏格拉底在由自然哲学转化为人的哲学的时候，提出以理性而不是感觉和感性为尺度，这就是苏格拉底的伟大之处。可是苏格拉底也有缺点，就像有人所批判的那样，他一生所有的时间都在寻找逻各斯而忘了关心自然界，他只关心人，这是与只关心自然界一样的偏颇和缺陷。于是，希腊哲学又出现了一次转向，进入第三个时期，即体系化时期。

构筑一种哲学、一个完整的体系，把宇宙论时期和人类学

第三讲 西方哲学导论（上）

时期的成果融会成一个完整的哲学，既有人学又有天学，做到这一点的是柏拉图的理念论（苏格拉底一生没有著作，只有谈话，后来柏拉图做他的学生，就把老师的谈话记录下来，写成了《苏格拉底对话录》）。所谓"理念"其实无"念"，应该翻译为"理型"，理念论的意思就是所有的事物包括宇宙人生都有一个共相，也就是巴门尼德的"存在"，"存在"的本质就是逻各斯，逻各斯是共相的，很抽象，不是具体的相，而是抽象的共相，这个抽象的共相决定一切。巴门尼德只是谈到自然，苏格拉底则转过来研究美德、幸福、善，认为这些也是共相，柏拉图综合了巴门尼德和苏格拉底的思想，提出"理念论"，就是普遍理性这个东西。这个普遍理性在哪儿呢？隐藏在事物背后，所有事物都不能违背它。这个道理很深刻，这个理看不见、摸不着。柏拉图认为存在着一个原型，事物都由此而来。理在事先，理在事中，事先理后，这几种说法哪一种对呢？柏拉图认为确实有个共相，是本质，而且万事都有本质。柏拉图在哲学上的伟大，是对巴门尼德与苏格拉底的伟大综合，古希腊那么多的哲人，唯独柏拉图把巴门尼德的"存在"与苏格拉底的"善"这两个哲学的思考，一个自然哲学，一个人生哲学,综合起来形成"理念论"。这个"理念论"就奠定并形成了西方哲学的基础,确立了逻各斯中心主义,理念本身就是逻各斯。所以有人说,一部西方哲学史,就是柏拉图的注解史。

柏拉图按照自己的"理在事先"的思维,写了一部伟大的著作《理想国》,按照他的理来建造理想的国家模式。《理想国》中的国家(城邦)里有三种人:第一种是最高的,是哲学王;第二种是护卫者阶层;第三种是工人、商人、农民等。这三种人可以类比于人的灵魂的三部分:哲学王代表理性、智慧,护卫者代表了勇敢、激情;工人、商人等代表欲望。三者的等级是不一样的,哲学王是黄金做的,护卫者是银或铜做的,工、商、农是铁做的。柏拉图的"理念论"把世界分成了两个部分:一部分是由逻各斯组成的共相的世界,另一部分则是由感性的经验现象组成的具体的世界。哪个世界真实呢?抽象的世界是真实的,具体的世界是不真实的,是一种假象。抽象的世界是不变的、永恒的,而具体世界是变动不居的。抽象世界是个理性的世界,具体世界是个感性的世界。相应地,对于人来说,就有灵魂和肉体之分,灵魂高于肉体。就这样,世界在柏拉图的笔下变成了两部分,因此,研究哲学的目的就是离开感性的世界，上升到抽象的理性的世界，上升到抽象的世界就可以永恒，就可以不变，就是和逻各斯合而为一了。哲学王的地位最高，代表灵魂中的理性，护卫者代表勇敢、激情，负责护卫城邦的任务，至于被欲望所支配的农、工、商只能被哲学家所统治。所以某种程度来说，柏拉图的理念论是种专制主义，虽然他是个哲学家，但是他的理想国是层级森然的专制主义国家。理想国具体的原型是什么呢？不是雅典，不是民主，大概更接近斯巴达。开放社会的对立面是封闭，柏拉图是封闭社会的第一个理论支持者，封闭社会，把社会封闭起来，认为哲学家统治社会是非常稳固的，但是这样封闭的社会肯定会有各种弊端。

这就是希腊哲学的三个阶段，由宇宙论时期到人类学时期到柏拉图，就成了体系化的时期，逻各斯中心主义正式确立。

第四讲

西方哲学导论(下)

之前我们曾介绍了冯友兰先生理解哲学的方法。理解哲学有正的方法和负的方法。正的方法就是从一个定义出发来了解哲学是什么，好比画一个月亮，就把那个月亮直接画出来。但是这样未必就能真的理解哲学是什么。这种方法比较笨，冯友兰先生没有采用。他不从"哲学是什么"本身说起，他采取"烘云托月"的方法，不画月亮，而是将月亮下面的云彩画出来，这样慢慢地你自己就能体悟到哲学究竟是什么，这个方法也就是负的方法。我们讲这门课，也准备采取冯友兰先生的这种方法，不画月亮，画云彩。这个云彩，就是通过了解轴心期中国、印度、希腊这三个地区哲学的起源，三种不同哲学系列的发展脉络、所探讨的问题等，来慢慢地自己体会云彩之上的月亮，也就是哲学是什么。

中国、印度、希腊这三个系列，它们研究的核心主题各不一样,希腊是逻各斯、印度是梵我同一、中国是道。从这个主题出发,就形成了三个系列各自的思维模式和价值理想,由此引发出了三个系列各自不同的哲学问题。上一次课我们讲了古希腊哲学,按照文德尔班的说法,将它分为三期:首先是宇宙论的时期,其次是人类学时期,第三个就是到了柏拉图为主的体系化的时期。这种有规律的发展脉络,一看就与中国哲学有很大差异。比如说,古希腊哲学的宇宙论时期是追问"世界的本原是什么",因此,早期的哲学家都是自然哲学家,这是西方自然科学发展的基础;但从中国哲学来看,就片面得很——只问自然不问人生,这是有天学,没有人学,不是中国哲学的天人合一。后来发展到人类学时期,古希腊哲学就开始追问人生,人是什么?要认识你自己(苏格拉底的名言)。苏格拉底把哲学的目光转向了人生,他抛弃了早期自然哲学家的进路,这就是有了人学,然而又没有了天学。到了柏拉图的体系化时期,把巴门尼德的"存在"和苏格拉底"理性的人、道德的人"结合在一起,把天和人结合起来,这才构成了一个体系。表面上看,柏拉图的这个体系与中国的天人之学是相似的,但是实际上它把世界一分为二——由于宇宙归根结底就是逻各斯(普

第四讲　西方哲学导论（下）

遍理性），和逻各斯相对的就是我们的现实世界，这个感性的经验的世界不真实，所以要撇开现实世界，去追寻真实的普遍理性。而中国哲学就没有这种分法。

柏拉图奠定了古希腊哲学、或者说西方哲学的特有形态，这个哲学形态就是以逻各斯为中心，哲学的问题就是追寻逻各斯，不断去探究逻各斯是如何成为支配我们现实世界的力量。这就是我们通常所说的主客对立。很多西方的哲学史家反复地说，两千多年来西方哲学史就是一部对柏拉图的注释史，这不是没有道理的。尽管哲学史上出现了各种各样的观点和各式各样的理论，但没有一个哲学家能够不以柏拉图作为自己哲学的起点。

哲学不仅仅是思维，它还与社会历史的背景有很密切的联系。柏拉图有个弟子，叫亚里士多德。亚里士多德的一个学生，则是亚历山大大帝，西方最伟大的帝王之一。作为马其顿的国王，亚历山大统一了全希腊，然后征服了埃及、小亚细亚的许多国家，一直打到印度，建立了庞大的马其顿帝国。随着他的国土版图的扩张，希腊的文化也随之迅速扩张。这个时期在历史上叫作希腊化时期。但是马其顿的帝国随着亚历山大的去世很快就崩溃了，在这个大帝国的废墟上，罗马崛起，这段历史时期又叫作希腊－罗马时期。

罗马原本是共和制，后来变成了帝国，罗马帝国是可以与中国的秦汉帝国相媲美的。整个地中海，以及欧洲其他地方、亚洲西部、非洲北部，均处于罗马帝国的控制之下，各个地方的文化都与罗马同一。罗马艺术的代表，其中之一就是万神殿。在专制化的政体之下，人们来不及讨论宇宙论、人类学，而转向讨论在大帝国的铁腕统治之下如何安身立命，因而发展到了伦理学的时期，这是西方哲学的第四期。

伦理学时期从亚历山大大帝开始（公元前3世纪中叶），一直到罗马帝国的崩溃（公元476年），一共持续了八百年的时间。在这个时期，整个希腊罗马的哲学就把个人安身立命、求得个人的幸福作为讨论的重点。在讨论过程中产生了两大派别：伊壁鸠鲁学派和斯多葛学派。斯多葛学派继承了柏拉图的逻各斯，强调理性、必然性，从而突出不可抗拒的命运，提倡命定论。他们认为，既然如此，人们就应该服从这种必然性，你是什么样的人，就应该安于做什么样的人。大家都安于自己的命运，那就能得到幸福。伊壁鸠鲁学派则继承和发扬了德谟

第四讲　西方哲学导论（下）

克里特的原子论，既承认必然性，又承认偶然性，他们认为理性不能决定人们的幸福，人是感性的，宣扬人死魂灭，提倡寻求快乐和幸福，而他们所主张的幸福是排除情感困扰后的心灵宁静之乐。所以这两派的观点是对立的。

柏拉图以感觉为虚幻，以理性为真实，斯多葛派继承了这一看法，他们也被称为新柏拉图主义；伊壁鸠鲁派则高扬感性。这两派是谁也说服不了谁。用康德的话来说，无论斯多葛派也好，伊壁鸠鲁派也好，都是独断论——要么重理性而忘感性，要么重感性而遗理性。两派都没有经过足够的哲学反思，这样就兴起了另外一个哲学派别——怀疑派。怀疑派的特点就是你们两派说的都不对，但是什么才是对的呢？他也不说。怀疑派采取的是绝对的怀疑态度。怀疑派的代表人物是皮浪。皮浪有一次坐船，遭遇了大风浪，船上其他乘客都惊慌失措，只有皮浪安之泰然，他不动心，他说：你们惊慌什么？你看那船上的猪，照样吃喝，一点也没受影响，人就应该像猪一样不动心。这就是最高的境界了。

在伦理学时期，斯多葛派、伊壁鸠鲁派、怀疑派之间争论不休，哲学上也没有得出一个结论来。但怀疑派质疑其余二派,是有道理的。因为无论斯多葛派也好,伊壁鸠鲁派也好,既然他们都是独断论,那就缺少一种哲学的反思。但是怀疑派会产生出悖论。希腊有一个故事叫"说谎者的悖论":一个人是一个说谎者,有一天他公然承认:"我就是说谎话的人。"如果他说的是真的,那么"我就是说谎话的人"就是真话,既然是真话,那他就是说谎话的人,他说的都是谎话,他就在说谎,既然他在说谎,那么他说"我就是说谎话的人"也是假话,那他就不是说谎者;但是如果他不是说谎者,"我就是说谎话的人"就是假的,他就不会说谎,既然不会说谎,那他说的"我就是说谎话的人"就成了真的,他就成了说谎话的人,这样又出现了前面的情况。这样就自相矛盾,这也是怀疑派的特性。于是,皮浪提出:"不做任何决定,悬搁判断",采取这种态度的结果首先是沉默,免于怀疑的悖论。

伦理学时期,整个罗马帝国都笼罩在信仰危机之下,道德观、价值观失落,人们不知所从,从而产生了非常严重的精神危机。18世纪上半叶法国杰出的启蒙思想家孟德斯鸠写过一部重要的著作《罗马盛衰原因论》,他认为,强大的罗马帝国的衰落,正是由于他们缺少一个共同的信仰准则、精神支柱和

第四讲　西方哲学导论（下）

核心价值观。罗马帝国后期道德败坏，国力锐减，在日耳曼蛮族的侵略下，分崩离析，一蹶不振，在相当于中国的魏晋南北朝时期的时候，西罗马帝国最终消亡于没有文化的日耳曼蛮族之手。

在罗马帝国精神空虚的情况下，基督教乘虚而入。所以伦理学时期之后，紧接着就是宗教哲学时期。欧洲历史进入了中世纪（公元 476 年至公元 1453 年），这一时期的哲学也叫"中世纪哲学"。中世纪哲学的主体是基督教哲学，它从罗马帝国崩溃到文艺复兴，延续了大概有一千年。中世纪哲学的核心，仍然是柏拉图奠定的普遍理性。但是基督教以宗教的形式把这个"普遍理性"神化了。基督教哲学有两个基本概念：一个是"道成肉身"，另一个是"三位一体"。道就是逻各斯（普遍理性），但它不是抽象的，而是成了肉身，成了上帝，上帝是逻各斯的化身，信仰上帝，就是信仰普遍理性。耶稣作为上帝之子，是圣子，上帝是圣父，他们的根据就是圣灵，圣灵就是道、就是逻各斯，圣父、圣子、圣灵是三位一体。凭借这些基本概念，基督教建立了一个信仰的体系、宗教的体系。信仰只需要接受，不需要反思；但哲学不是信仰，哲学要求凭借理性做出反思。基督教曾经成为罗马帝国的国教,但是未能挽救罗马帝国的衰亡。灭亡罗马帝国的日耳曼人、高卢人等都是未开化的民族,但是他们很快就接受了基督教,从野蛮走向了文明,从这一点来说,基督教起了很积极的作用。

中世纪哲学中有几个代表人物。早期是奥古斯丁,他的哲学被称为教父哲学。奥古斯丁利用新柏拉图主义来阐释基督教的思想。他把世界分为两个:一个是上帝之城,一个是人间之城。上帝之城是真善美的世界,但是自从亚当和夏娃犯了原罪,就被贬到了人间。人间的每个人都是有罪的,人类必须经过末日审判,赎过罪的才能重新回到上帝之城。我们看到,这正是来源于柏拉图的思想,只不过披上了宗教的外衣。基督教哲学后来发展到经院哲学时期,这一时期的代表人物是托马斯·阿奎那。托马斯利用的是亚里士多德的理论。托马斯认为信仰和理性不能绝对对立,二者可以结合,这种结合就是:信仰是第一位的,但是理性可以为信仰服务,可以证明信仰,托马斯还给出了五种方法,以证明上帝的存在。托马斯的这种观点,也就是后来人们常说的"哲学是神学的婢女"。在中世纪,理性为信仰服务,哲学为神学服务,这是以

第四讲　西方哲学导论（下）

神为本。

　　文艺复兴以后，西方哲学就进入了近代哲学时期。文艺复兴（15世纪至16世纪）其实就是文艺复古，复什么古呢？复希腊罗马时期的古。希腊罗马时期是个人文的时代，中世纪是以神为本的时代，文艺复兴就是要扭转中世纪的倾向，转向以人为本。但是人究竟是什么？我们上次说了，古希腊时期普罗泰戈拉说"人是万物的尺度"，但这个"人"究竟是什么样的人？等于什么都没说清楚。苏格拉底就反对智者，提出了"理性的、道德的人"的思想，对人的本质进行了规定。后来的伊壁鸠鲁派和斯多葛派又把这个问题分开来进行了各自的讨论。到了文艺复兴时期，推翻了神的地位，但是"人是什么"也没有搞清楚。比如薄伽丘的《十日谈》，完全就把人当成了感性的、各种欲望的结合。

　　严格说来，文艺复兴时期在哲学上贡献不大，真正近代意义上的哲学（17世纪至19世纪40年代）是从笛卡儿（1596—1650）开始的。笛卡儿提出了"我思故我在"的命题。他认为一切东西都可以被怀疑，但是只有一个东西不能被怀疑，那就是"我在思想"。他认为，是"我"在怀疑，是"我"在思想。

我思想，所以我存在。这个"我"，就不是文艺复兴时期那个感性的人，而是在思想的理性的人。"我思故我在"是一个非常辉煌的命题，可以说它鲜明地突出了人的主体性。17世纪科学得到了空前的发展，而科学必须以理性为根据，以数学为根据。笛卡儿强调理性，同样跟数学有着密切的关系。笛卡儿本人就是数学大师，发明了解析几何，他认为理性以数学为标准，则清楚、明白。笛卡儿的"我思故我在"是近代西方哲学中的标志性命题，由这个命题出发，形成了一种认识论学说：唯理论。唯理论学派的代表还有斯宾诺莎和莱布尼茨。斯宾诺莎的著名著作《伦理学》是完全按照几何公理的形式来写的：提出一个命题，证明它是公理，然后推断出结论。莱布尼茨本人也是数学家，他是二进制代数的发明者，是我们现在电脑技术的先驱。

可是，人既是理性的动物，也是感性的动物。离开了人的经验，会不会有理性的存在呢？这个问题牵涉极广，可以从科学上来研究，也可以从哲学上来研究。举个例子，人为什么习惯于采用十进制？那是因为原始人从我们的手指、脚趾等数目中看到了"十"这个数字，从而发明了十进制数学。如果说

第四讲 西方哲学导论（下）

十进制是理性的，那么这个理性来源于我们的十个手指头。理性是离不开经验的。所以，既然有一派强调理性的至高地位，必然有一派跟它相对立。近代哲学中与唯理论学派对立的派别就是经验论学派。经验论的代表人物有培根、洛克、休谟、贝克莱等。唯理论多半是欧洲大陆的代表，经验论则多半是英国人。弗朗西斯·培根（1561—1626）说过"知识就是力量"，他说，人类学习知识，不应像蚂蚁把东西搬到自己的洞穴里那样原封不动地保管起来，这只是搜集资料，相当于经验主义者；也不应像蜘蛛从肚中抽丝结成网，这只是整理，相当于理性主义者；人应该像蜜蜂那样，到处采集花蜜，既要收集，又需要整理，然后酿成蜜糖。所以真正的知识必须通过对外界的探索得来，因此离不开经验；同时要能够整理和归纳，因此知识也离不开理性。

经验论与唯理论的对立追本溯源，来源于古希腊罗马时期的理性与感性的对立。两派之间谁是谁非，没办法弄清楚。经验论采取的方法是归纳法。但是归纳法能不能得出正确的知识呢？比如说，"天下乌鸦一般黑"，这个归纳的命题正不正确呢？只要我找出一只白乌鸦，这个命题就不能成立。归纳法没有办法穷尽所有的情况,这是它的致命弱点。唯理论采取的方法是演绎法。那就是从自己的头脑中本有的规则出发,演绎出一般的命题,但是这些规则本身的合法性何在?演绎出来的结论本身就是包含在前提之中,知识的范围又该如何扩大?这些问题演绎法也回答不了。所以笛卡儿认为有两个实体:一个是物质的,一个是精神的,从而陷入了身心二元论。

经验论与唯理论斗来斗去,一直到康德(1724—1804),才发生了一次革命。这次革命史称西方哲学史上的"哥白尼革命"。这次革命是由康德发起的。在康德看来,理性能够把杂乱无章的感性做一番整理,因此有它的重要性;但是理性不能乱用,有些问题理性无法解决,如形而上学中上帝存在、意志自由、灵魂不死等。理性如果妄图解决这些问题,那就属于理性的越位。所以康德的批判哲学,就是对理性的使用做出限定。

康德把人类知识分为三个层面:理性、知性、感性。人通过时间、空间的感性直观,之后再用知性的范畴加以规范。康德提出了十二个范畴。知性之所以能够对感性做出规范,是通过先天综合判断,先天综合判断则来源于先天理性。就这样,

第四讲　西方哲学导论（下）

通过先天综合判断，人类才形成了知识。人类的知识都是来源于表象，没有深入到本体。康德认为，本体是不可知的，他把这个本体称为物自体。

康德通过感性、知性、理性，通过先天综合判断，把各种经验现象整理出一个条理。这是结合了唯理论和经验论。康德的批判哲学完成了一个认识论的转向，这个转向就是，人类的认识问题都是主体的问题。康德以前的哲学都是主体认识客体，主体围绕客体转；康德则把这个模式颠倒过来，是客体围绕主体转。客体之所以能进入主体的视野，首先是主体借用感性直观、知性范畴和理性来认识的对象，这就是所谓的"哥白尼革命"。我们知道，在哥白尼之前，托勒密的"地球中心说"是占统治地位的，太阳绕着地球转；但是哥白尼指出，太阳是中心，是地球绕着太阳转。这是天文学上的一次革命，康德则在哲学上完成了"哥白尼革命"。

科学的知识，必须经过主体的先天综合判断，才能成为可能。我举个例子。我们看东西都是经过眼睛这个感觉器官，科学研究表明，眼睛中有着非常复杂的视神经系统，当眼睛看到一个物体的时候，整个神经系统都对这个物体做出了反映，但是根据神经心理学的研究，单单这样的反映是不能形成图像的，这系统的反映背后，一定有一个图像的组织者。我们的大脑里面如果没有视觉的组织者，这些复杂的神经细胞做出的反映是不可能形成图像的。比如说苍蝇的复眼，它能看到很多的东西，但是苍蝇永远不能形成一个完整的图像，它看人、花、物体都是看不见的，它只是感觉到一个东西，只能形成个别的感觉。狗的眼睛看到的东西又与人、苍蝇看到的大不一样。图像是在人脑里面先天形成的。由此近代发展出来的一门实验心理学——格式塔心理学，格式塔心理学认为，首先是我们脑中有了图像，然后才接受外物。外物的图像来源于我们的头脑之中。格式塔心理学是由韦特海默、考夫卡和柯勒共同创建的。这是心理学上的一次革命。其理论根源正是来源于康德的哲学。

康德认为，人与动物不同，就在于人具有先天综合判断。人获得丰富的经验材料之后，先天综合判断再对之进行整理，这样就有了科学，科学知识的必然性，就在于有这个先天综合判断。人类的理性能够为感性立一个法则。所以哲学问题就是认识论问题。然而理性有其局限性。有些问题是理性没法解决

第四讲 西方哲学导论（下）

的。理性有两种，纯粹理性和实践理性。纯粹理性解决的是客观世界的必然性问题；然而除了必然性之外，人还需要自由，这就是实践理性解决的问题。康德在此提出了一个著名的命题，就是"二律背反"。康德指出，试图用纯粹理性解决本体的问题，必然陷于二律背反。解决这些问题只能通过实践理性，即人自己的道德心。人只有通过自己的道德良心，才能达到自由。实践理性预设了三个前提：上帝存在、意志自由、灵魂不死。康德对这些前提有详细的论证，由于时间关系，我们在这就不多说了，有兴趣的同学可以参考《西方哲学简史》（赵敦华著）等书中的相关介绍。

康德有句名言，他说："有两样东西，我们愈经常愈持久地加以思索，它们就愈使心灵充满日新月异、有加无已的景仰和敬畏：在我之上的星空和居我心中的道德法则。"头上的星空是宇宙论问题，心中的道德律是人类学问题；头上的星空是必然性的问题，心中的道德律是自由的问题。康德后来把他一生的探索归结为三个问题：一、我能够知道什么；二、我应该做什么；三、我能期望什么。这三个问题，可以总结整个康德的哲学，也可以作为留给在座诸位的问题。经过哲学上的穷根究底，才有可能回答这些问题。

康德生活在18世纪，18世纪有两位大人物对康德产生了深远的影响。一个是牛顿，牛顿创立了经典力学，让人们意识到，整个世界就处于引力场中，处于必然性之中；另外一个是卢梭，卢梭认为，科学的发展就是人类道德的堕落，人在本质上是自由的，成立国家社会都需要经过契约，卢梭的学说直接引发了法国大革命，从而改变了整个世界。如果说牛顿改变了自然世界的景观，那么卢梭就改变了政治和伦理的世界。但他们的学说从根本来说却是矛盾的。必然就意味着否定自由，自由就意味着否定必然。康德则试图解决这个矛盾。

康德的三个问题总结起来，就是"人是什么"的问题。没有人的存在，这个世界还有没有意义？恐怕没有。正因为有人的存在，这个世界才成为我的世界；世界提供材料，我赋予世界以意义。二者互相结合。这就是康德的哲学。

康德说，唯理论是独断的，经验论是盲目的。从康德开始，西方哲学史发展到了一个非常重要的阶段，就是德国古典哲学。康德哲学的问题也有很多，在康德之后有人扣帽子，说康德哲学是二元论，指的是现象和本体的区别。在哲学史上，首先做出这样区分的是柏拉图，康德通过自己的努力，重新又做出了这种区分。另外，现象可以通过先天综合判断来整理成科学的知识，但是物自体却是不可认识的，这就成了不可知论。

康德以后，费希特想要克服康德的二元论。费希特说，"我"作为主体，一定要自己给自己设立一个对立面——"非我"；而后"非我"又统一到"我"之中。费希特之后，谢林说整个世界一开始就是绝对同一的，本来就没有差别。谢林之后就是黑格尔，他通过辩证法，把康德、费希特、谢林统一了起来。

黑格尔的哲学分为三个部分：逻辑学、自然哲学、精神哲学。黑格尔要回答康德的问题。首先，世界本来有没有一个先天的逻辑结构？黑格尔认为有。他把这个叫作绝对理念。绝对理念是世界的规律、是逻各斯、是普遍理性，它把自己外化成自己的对立物，外化成自然，这个自然都是由逻辑学演变出来的，自然有规律、有必然性，这种必然性和规律来自于逻辑学。（你们学习马克思主义哲学，其中讲对立统一规律、质量互变规律、否定之否定规律，这些都是来源于黑格尔的逻辑学，这就是客观世界的辩证法。）但是黑格尔认为，自然还得回到精神,回到绝对理念。这样自然哲学就过渡到了精神哲学。精神哲学包括很多:宗教、美学、法学、历史哲学,等等,凡是人类创造的精神文化,都属于这个范围。这就是黑格尔著名的"正"——"反"——"合"的发展脉络。整个宇宙的发展,就是绝对理念的发展过程,就是逻各斯的发展过程。

从古希腊开始,整个西方哲学经历了两千多年的发展,到了黑格尔这里,集其大成。黑格尔很自豪地说,全世界只有一种哲学,那就是他的哲学。哲学发展到他那里,已经登峰造极了,已经终结了。黑格尔是全世界唯一的哲学家,他成了上帝。但是哲学是不是真的终结了?

在当时,黑格尔名气日盛,成了资深教授、哲学大师,到各个大学去讲学。其中,有一个年轻人就不服气。他就要和黑格尔比一比高下。有一天,黑格尔在某个教室讲学,这位年轻的讲师非得弄到这教室的隔壁去讲,就是要和黑格尔对着干。这个讲师就是叔本华。叔本华反对黑格尔的绝对理念,他要讲他的意志哲学。他认为,人不是只凭理性生活的,人还有自己的意志。实际上我们现在知道,人是由三方面组成的:知、情、意。叔本华用意志哲学对抗黑格尔的理性哲学。结果可想

第四讲 西方哲学导论（下）

而知，当时叔本华是大败而归。黑格尔的讲座是人满为患，叔本华那里是门可罗雀，到后面仅有的几个人还跑光了。叔本华因此受了极大的刺激，后来他终身不当教授。虽然他没当教授，但是没有停止自己的哲学思考。到了晚年，他的重要著作在出版第三版时引起了轰动，现在我们国家也有翻译，就是《作为意志和表象的世界》。叔本华之后，有尼采，尼采也研究意志哲学，他讲的是权力意志，宣称"上帝死了"，一切价值都要重新评估。

也就是说，实际上从黑格尔的哲学体系完成的那一刻开始，就已经开始解体了。哲学根本没有终结。拿黑尔格哲学来说，后来分裂成为左、右两派。左派就是马克思等人，他们把黑格尔的哲学颠倒过来。马克思在年轻的时候，写了《黑格尔法哲学批判》，着重批判黑格尔的反民主的思想。如果将哲学看成真理的化身，就一定会走上黑格尔哲学的这条路。波普尔在《开放社会及其敌人》这本书中指出，黑格尔哲学作为国家哲学，是保守的、封闭的。右派则把黑格尔哲学弄成了国家哲学，为普鲁士王权辩护，成了御用哲学，说普鲁士王权就是"绝对理念"的化身。

经过这样一个历程，西方的逻各斯中心主义发展到黑格尔就到了一个顶峰，之后分化成了五花八门的现代西方哲学。其中大概说来有欧洲大陆哲学与英美哲学的区别。有人曾经这么形容：欧洲大陆的哲学家像刺猬，英美哲学家像狐狸。什么意思呢？刺猬在地上打一个滚，地上什么果子都能沾到身上，欧洲大陆哲学家们就是这个样子，常常搞出个庞杂的体系，无所不包；英美的哲学家主要是分析哲学家，像狐狸一样，找个小窍门，找个小鸟巢，钻进去，深入探讨。这都是一种说法而已。

通过这两讲，相信大家对西方哲学的大体轮廓已经有了印象，这与中国和印度都不一样，下面我们将大略来讲讲印度和中国的哲学。

第五讲 印度哲学导论(上)

上次我们讲了从古希腊一直到近代的西方哲学。西方哲学内容丰富,然而可以归结为一句话:逻各斯中心主义。从柏拉图综合总结开始,逻各斯的概念得到了不断发展:中世纪与基督教的思想结合而出现"道成肉身"的理论;经文艺复兴完成从神本到人本的转变之后,由笛卡儿开启了近现代西方哲学的进程;此后经验论和唯理论互相辩论,康德完成了批判的总结,至黑格尔逻各斯中心主义发展到了高峰;黑格尔之后,出现了现代五花八门的现代哲学。

由此看来,西方哲学的发展是不断出现危机,而又不断克服危机的过程。

我们上次讲了,康德把他一生的探索归结为三个问题:一、我能够知道什么;二、我应该做什么;三、我能期望什么。第一个问题是认识论的问题,第二个问题是伦理学的问题，第三个是宗教信仰的问题，这三个问题归结为一句话，就是头顶的星空和心中的道德律。只要人类一直在进行哲学思考，这些问题就会不断地得到新的回答，但是永远没有标准的答案，这就是哲学。

接着我们来观看另外一种哲学的景观，这就是印度哲学。

古代中国对印度的哲学还是有很深的了解的。我们知道，佛教从印度传来之后，对中国的文化产生了极其重大的影响，在古时候中国人的心目中，印度就是西方极乐世界的所在地。佛教在中国传播了近两千年，到了近现代，印度跟中国一样跟不上时代的潮流，成了一个落后的东方国家，所以大家的眼睛都盯住了西方，这个"西方"可就不是印度了——以前我们把印度当成极乐世界，后来我们把欧美当成极乐世界，言必称希腊，言必称英美。结果，到了现在，中国人对于欧美这个"西方"是知之甚详，而对于我们的近邻印度却了解甚少。

可是印度实实在在是一个伟大的文明古国。轴心期产生哲学的地方，全世界也就是希腊、中国和印度三个区域。所以我们不能不了解印度。此外，我们也不要把印度的哲学仅仅归结为佛教，它的面貌其实多姿多彩。了解印度哲学的概貌，不仅

第五讲　印度哲学导论（上）

可以打开我们的眼界，还可以使我们更深刻地体会到，哲学不能用一个普遍的概念来到处套用，到处套用一个普遍定义的反而不是哲学。

轴心期产生的哲学都有它的历史背景、文化背景和宗教背景，正是这些不同的背景，导致各种哲学传统呈现出独特的风貌。我们今天就专门来讲讲印度的正统哲学，下一节课专门讲讲印度的佛教。

印度的历史非常悠久，有着深厚的文化传统，然而印度人的历史观念并不强。印度古代的很多事情是无法连成一气的，模糊不可考证，连印度人自己也弄不清楚。我们中国的历史号称上下五千年，简单说，就是三皇五帝，三王、五霸、七雄，然后秦皇汉武、唐宗宋祖。"三皇"中的燧人氏钻木取火、伏羲氏养殖家畜、神农氏发展农业生产，这个发展是物质生产的发展；到了五帝之中的黄帝，他提倡蚕桑舟车，接下来炎帝、帝喾，然后就是最为重要的尧舜，这样中国的文化大体就形成了。之后就是从"公天下"到"家天下"，夏商周三王。可以说，中国人对于自己的这部历史，是熟悉得很。然而，印度根本不像我们中国，他们的历史年代混乱，只能通过后来的考古研究，才能得知有限的一些历史情况。甚至印度的有些历史，还必须通过中国的记载来厘定。例如玄奘到西天（印度）取经，回国之后他写了一本《大唐西域记》，按照中国人自己记载历史的方法，粗枝大叶地记载了一些公元7世纪以前的印度历史，这些就成了现在研究印度历史很重要的史料。印度这样一个没有历史观念的民族，却有一个很独特的传统源流，那就是宗教观念。印度的哲学，带有浓郁的宗教性。这是一种很奇特的现象。虽然印度的哲学带有很强的神秘性，但它还是有自己的发展规律，我们下面就来讲讲。

我要讲的第一个问题，是"吠陀宗教与种姓制度的耦合"。公元前2000年—公元前1300年的时候，来自于中亚的雅利安人入侵印度，把印度的土著达罗毗荼人变成奴隶，并完全颠覆了原来的土著文化，而另外创建了一套宗教的系统，这就是吠陀宗教，所以吠陀宗教是雅利安人的宗教，不是印度原来具有的文化传统，印度原有的传统已经中断了，这是与我们中国很不一样的地方。按照印度的古义，"吠陀"是指一种很神秘的知识，包括祭神的仪式、颂歌、咒语等等。这样一种宗教具有自然崇拜的色彩，大自然很多现象在吠陀宗教中都有体现，所

第五讲 印度哲学导论（上）

以，吠陀中有各种各样的神。然而在各种神之上有一至高无上的主神，就是梵天。吠陀宗教是跟印度的种姓制度相耦合的。白种的雅利安人入侵印度之后，成了高级种姓，原来印度的黑色、棕色土著达罗毗荼人，就成了低等种姓。这种种姓制度完全按照人的肤色来区分，"种姓"的梵文词汇"瓦尔那"，实际上就是"颜色"或"品质"的意思。雅利安人为了保持他们的血统，不愿被当地的达罗毗荼人同化，不许自己的子女与达罗毗荼人通婚。为了巩固自己的特权地位，征服者和统治者们就以肤色的深浅将当时的社会阶层划分成四个等级，从上到下分别是婆罗门（祭司和僧侣）、刹帝利（贵族和武士）、吠舍（农民、商人和手工业者）和首陀罗（被征服的奴隶和失去土地的自由民），他们分别由梵天的口、双臂、双腿、双脚变化而来。印度的种姓制度有几个基本特征，即职业的世袭制、严格的内婚制和地位的等级制。吠陀宗教与种姓制度的结合，使得它迅速流传，成为印度普遍的宗教。

一般来说，吠陀宗教有三大纲领：吠陀天启（吠陀的起源是上天的安排）、祭祀万能（祭祀是最重要最有效的向神祈求的方式）、婆罗门至上。吠陀宗教在后来形成了一类带有很强思辨性的"圣经",那就是《奥义书》,这是我要讲的第二个问题。

《奥义书》是吠陀宗教发展的一个总结,是印度哲学的源头。《奥义书》从幼稚、低级的吠陀宗教中提炼了三个基本观念,从而规定了后来印度哲学发展的线索和去向。这三个观念是:一、梵我同一;二、业报轮回;三、解脱之道。

什么叫梵我同一?我们曾经讲过,轴心期三大文化源流分别都有一个关于世界统一性的原理,由此而得出了各个文化区最重要、最崇高、最核心的概念:西方是"逻各斯",中国是"道",印度就是"梵"。"梵"是什么呢?这里有一个发展的过程。"梵"原来指祭神的颂歌,这种颂歌的语言当中有一种咒力,可以让人求福禳灾;在进一步发展之后"梵"成为全宇宙的活力,宇宙的精神,从而成为宇宙的至上神;至上神代表了整个的宇宙。宇宙整体是什么?我们看到的东西能代表整个宇宙吗?世界的整体我们能看得见摸得着吗?不能。所以需要抽象,从整体来把握,"梵"就是宇宙整体;然而整体必须通过部分来表现,所以印度人在反复考虑部分如何与整体相融合。由于文化传统中的宗教性,印度人没有采取古希腊人所采取的分析的办法,而是从整体来考虑问题。他们认为,整体就是部分,梵可以体现在任何事物身上。印度人现在还相信神牛,对牛非常崇拜,一群群的牛在大街上如闲庭信步,造成交通堵塞,外国人看到了惊奇得不得了,印度人视之为天经地义的事,因为印度人相信牛里面有神。印度人还相信很多东西,都是因为"梵"就体现在这一个个的个体事物中。但是,整体又不是部分,部分能作为整体吗?你能说这一个个的具体事物就是"梵"?不能。所以印度人提出了一种让现在研究哲学的人都非常佩服的方法——否定的辩证法,否定了一个个的具体的部分,到后来整体就豁然而显。梵是一切,梵是牛,是马,这是用肯定的方式来描述;而梵又不是这个,不是那个,这就是否定的辩证法。通过正反两方面的描述,梵就成了一个超越认识的、超越经验的、超越逻辑思维的呈现在人们面前的整体,它体现在一切当中,又从这一切当中超脱出来,不具有任何属性。这就是梵。

世界起源于梵,因为梵而存在,最后又复归于梵。然而除了梵之外,还有一个"我"——神我。如果说梵是客观世界的,那么这个我就是主观世界的。梵我同一,就是客观世界与主观世界的同一，就是世界与我的同一，认识到"梵我同一"，体验到"梵我同一"，这就是最高的境界。《奥义书》中提出梵我同一，这是印度哲学中一个非常重要的观念。

其实希腊、中国、印度三个区域的哲学有一个共同的特点，就是把世界一分为二：即我们生活的现实世界，以及理想的世界。我们生活在现实的世界当中，一定要去追求理想的世界，所以每一种哲学都有一种理想的追求，这是它的价值理想。价值理想的设想各不一样，所以三个地方的哲学就产生了很大的差别。古希腊把逻各斯的世界当作理想，印度哲学把"梵我同一"当作理想，中国哲学把"有道"当作理想。但是希腊的逻各斯世界是可以通过人类的理性去认识，可以分析的手段去追求，这样西方就走上了科学的道路；印度的梵我同一则是超出经验的，超出逻辑的，只能用体验去把握，带有很强的神秘性，所以突出个体的感受；而中国的有道、无道则可以通过社会现状表现出来，有道就是太平盛世，无道就是民怨沸腾，所以中国的哲学就走上了关注社会伦常的道路。有学者在三者之间做了比较，得出的结论就是：古希腊哲学中两个世界的区分驱使古希腊人去求知，所以知识论是西方哲学的传统；

第五讲 印度哲学导论（上）

印度哲学两个世界的区分驱使印度人去追求一种宗教的体验，所以神秘主义是印度哲学的特点；中国哲学则注重实践，所以践行是中国哲学的特长。这个比较我们以后可以继续进行。

与"梵我同一"紧密相连的一个观念，也是印度哲学最重要的一个特点，是"业报轮回"。"业报轮回"基于人具有灵魂这样一种看法。至于人是否真有灵魂，有人信，有人不信，这个问题似乎也是没有标准答案。大体说来，关于灵魂的问题有三种不同看法：一种认为灵魂和肉体不可分离，人死如灯灭，灯灭了光也就没有了，肉体死了灵魂也就散了。另一种是西方的基督教，他们相信有灵魂，但是他们认为人的灵魂只有一次，人死后，人的灵魂或者上升天堂，或者堕入地狱，为了灵魂能上天堂，所以人生就应该信仰上帝，救赎原罪，如但丁的《神曲》中，把世界分为三层——天堂、炼狱、地狱，就是这种看法的体现。第三种则是印度的灵魂观，它是最为独特的。印度人坚信，人是有灵魂的，在人死后，灵魂是可以不断再生的，可以不断转世投胎，也许会变成植物，也许会变成动物，也许会变成饿鬼、畜生，等等。这就是轮回。实际上佛教讲的"三世因果，六道轮回"，就来自于这样一种灵魂观。在现实生活中，有人总是享受幸福，有人总是受苦受难，这都是人前世的所作所为决定的：你前世积德，则今世可以享福；你前世作恶，则今世受苦；而你今世作恶，则你来世受苦；你今世积德，则你来世享福。前世、今世、来世，人的行为总会有报应，这就是业报；人的记忆可以消除，但业报不断，这就是业报轮回。这种观点不仅仅主宰了印度人，同时对其他民族也有很大影响，比如我们中国人经常说"善有善报，恶有恶报，不是不报，时候未到"，明显就是三世轮回的观念造成的。轮回中充满了痛苦，所以印度人认为人应该超脱轮回，寻求解脱之道。

《奥义书》提出的这三个观念，是印度哲学的基础，后来印度哲学的发展，产生的观点或赞成，或反对，无不是跟这几个观念有关。

今天我们要讲的第三个问题，是"婆罗门教的危机与沙门思潮的兴起"。在相当于中国的春秋战国时期，印度也出现了百家争鸣的思想盛况。因为婆罗门养尊处优、腐化堕落、道德败坏，导致他们的宗教——婆罗门教也发生了危机。（这有点类似于历史上中世纪晚期基督教的危机，那个时候神父、上帝

第五讲 印度哲学导论（上）

的代言人虽然垄断了基督教的权威，然而本身却有很多腐化堕落的现象，比如大肆出卖赎罪券，牟取大量金钱，而且生活上偷鸡摸狗，当时的人们对正统的天主教产生了很不好的印象，从而有了马丁·路德的宗教改革。印度当时的情况也有点类似于后来基督教的这种情况。）当时反对婆罗门教最激烈的，是刹帝利这个阶层。刹帝利掌握了世俗的权利，从而对婆罗门的优势地位很有看法。这个在文化上产生的结果，就是沙门思潮的兴起。沙门意味着努力的、有道德的出家人，沙门思潮的代表，最重要的当然是佛教。佛教的创始人是释迦牟尼，他本身是一个王子，属于刹帝利阶层，二十多岁的时候有感于社会不公、人们生活困苦，于是出家，苦苦探索解脱之道。经过十年的探索，终于在菩提树下证悟。佛教作为沙门思潮的一种，它反对婆罗门教的三大纲领——吠陀天启、祭祀万能、婆罗门至上。佛教的思想我们下节课再讲。

除了佛教之外，沙门思潮的另一个代表是耆那教。耆那教的创始人，我们中国通常译为"大雄"，意思是非常有智慧的伟大英雄。耆那教跟佛教不一样的地方在于：它是直接反对"梵我同一"。耆那教认为，宇宙、客观的世界（梵），与主观世界（神我），是不能等同的；如果要等同，就会陷入轮回，只有把梵和我分开，人才能得到解脱。耆那教认为世界是永恒的，而非婆罗门教所说的神创论。

除了佛教、耆那教以外，还有两种哲学：一种是顺世派，另外一种是生活派。顺世派说，人活着是为了求得快乐，快乐就是一种感觉，感觉是知识的来源。这一派有点类似于古希腊的伊壁鸠鲁派。生活派认为，人都是由命运决定的，在命运的锁链中，任何人的意志都是无能为力的，命运是不可改变的，人只有承受这种命运。这一派类似于古希腊的斯多葛派。他们被称为"邪门外道"，因为他们的一些行为怪诞不经，有点像中国武侠小说中的丐帮，丐帮里不是分污衣派和净衣派吗？他们就类似于污衣派。

所有这些，统称为沙门思潮，他们扭转了婆罗门教的价值倾向。然而尽管如此，他们都被统称为非正统派，由于婆罗门阶层在社会文化政治生活中具有无比强大的势力，所有这些思潮都只能说是对婆罗门教造成了冲击，而不能根本颠覆婆罗门教的地位。

相对于非正统派来说，有所谓正统派，他们依然把吠陀经典、《奥义书》作为思想的来源，只不过根据当时的形势，对这些原始教义中的某些部分做了特别的发挥，与时俱进。这一时期有所谓"正统六派"，它们分别是：数论、瑜伽论；胜论、正理论；弥曼差派、吠檀多派。六个派别，可以分为三组。

数论和瑜伽论属于一组。数论顾名思义，他们对于数非常有兴趣，认为整个宇宙都跟数有关系。他们首先确定这个现实世界是纯苦无乐的，要求得解脱，必须先了解苦因，但认为祭祀、祈祷等方法，并不能达到究竟解脱。数论主张因中有果论，认为自性和神我都是根本，如果能够返观到自性、神我不相干涉，这样就能得到解脱。这是一种二元论。瑜伽派的哲学与数论非常相似，不过相对于数论来说，他们更侧重于实践，尤其注重禅思与观行，希望用身心求证宗教哲学的真谛。瑜伽现在很多地方都很流行，尤其在西方。他们对于瑜伽论的哲学不感兴趣，但是对瑜伽能起到调整身心、求得快乐的作用非常着迷。

胜论也着重于分析。他们着重于物质结构的分析，认为物质最基本的组成部分就是"极微"。这与希腊初期哲学的原子论有异曲同工之处。不过胜论派的最终目的，仍然是力求精神的解脱，所以他们并没有向物的方面去研究发展。正理论则发展了印度哲学中的逻辑学说，这种逻辑学说被称为"因明"。正理派开创的目的，仍然在求真知，达到智慧的解脱，后来演变成为"因明"（因，指推理的根据、理由、原因。明，指显明、知识、学问）。关于"因明"，正理派有不同的说法：有说五支"因明"，即从五个方面进行推理：宗（论题）、因（理由）、喻（例证）、合（应用）、结（结论）；也有讲三支"因明"：宗、因、喻。这些严谨的推理体系，都只是正理派求知的一种方法论，并非正理派的大目的。

　　弥曼差是音译，在梵文中有"思维考察"和"研究"的意思。弥曼差派的哲学，可以说是研究婆罗门教仪的教义，阐扬吠陀思想的宗教哲学。吠檀多顾名思义，就是《吠陀》的演绎。吠檀多派继弥曼差派之后兴起，极力维护《吠陀》和《奥义书》的真理，以建立一个一元论的"梵"为究竟。

　　上面说的这些内容看起来非常复杂，但是几千年来，印度哲学的整体面貌，就是这样围绕着正统派和非正统派演变和发展。无论是正统派还是非正统派，他们基本的哲学和价值取向，就是取得人生的解脱。这是印度哲学区别于其他哲学的关键。

　　印度哲学之所以有这样的价值取向，跟印度民族多灾多难的历史有密切的关系。远古时代先是雅利安人入侵；公元7世纪伊斯兰教侵入印度，由于伊斯兰教反对偶像崇拜，他们摧毁了佛教和印度教的庙宇，佛教和印度教遭受极大摧残；后来土耳其人、蒙古人、葡萄牙人、英国人一个接一个侵入印度，几千年来印度人就没有喘息的时候。正是因为苦难无穷无尽，所以印度人考虑的重点，不在国家、历史层面，而是超拔这些痛苦求得人生的最终解脱。

第六讲

印度哲学导论(下)

我们上两次课把西方哲学一直从古希腊说到现在。那属于西方的哲学形态。西方的哲学形态从古希腊开始，经过柏拉图建立了一个逻各斯中心主义，到了笛卡儿、康德、黑格尔把逻各斯中心主义即普遍理性的中心主义发展到顶峰，到了19世纪末期，逻各斯中心主义在西方哲学内部引起了反弹，产生出了五花八门的现代西方哲学。

然后我们又讲述了印度哲学，它具有和西方哲学不同的形态，首先以吠陀神话、吠陀梵书作为它的宗教源头，后来发展出了《奥义书》。吠陀有三大纲领：吠陀天启、祭祀万能、婆罗门至上。那是一种非常严肃的宗教观念，不是印度本土的，而是雅利安人的创造。雅利安人是外来的入侵者，征服了印度以后，又创造了别具特色的宗教，这种宗教与种姓制度结合，在印度占据了统治地位。《奥义书》的出现，使神话过渡到了哲学。其中提出了三个基本观念：第一个是"梵我同一"，梵和我是合一的。梵相当于西方的逻各斯，但是和逻各斯有一个很大的不同，它是一种世界统一性原理，可以说西方把世界统一性看作是统一于普遍的理性，哲学是对这种普遍理性的内在逻辑结构的追求，而且把这种理性的地位抬得很高，把它看作是支配宇宙、社会、人生的内在规律。"梵我合一"则是对宗教的设想，是一种信仰，一种体验。主体精神与客观宇宙的梵怎么结合？印度哲学的这种追求与希腊的逻各斯有所不同。

印度哲学中还有两个观念是中国和希腊哲学所没有的。一个是业报轮回，讲人死了以后不断地投胎转世。中国也讲阎王、世间、三世报应等等，不过那是在佛教传入中国后才有的。佛教的观念也是从《奥义书》而来。灵魂不断地投胎转世，也许前世是只蚂蚁、是条狗、是只猫、是头牛，而今世忽然投胎为人，来世是否继续为人尚不可知，这要看是否积了阴德，看你的行为的好坏，如果做坏事，则来世可能投胎为畜生。怎样才能超脱轮回，永远停留在一种不参与轮回而进到永恒幸福之中的状态，这就是它的另一个观念：解脱之道。整个印度哲学由《奥义书》提供了一个目标，那就是追求个人的解

第六讲　印度哲学导论（下）

脱。如果说西方的逻各斯的思想是追求个人如何提高，从个别上升到一般、从个体上升到普遍，认识逻各斯，那么印度哲学则讲如何解脱而达到梵我合一的精神境界。

《奥义书》提出的这三个基本观念主导了以后几千年印度哲学的发展。后来因为婆罗门的腐化，发生了宗教危机，印度哲学出现百家争鸣的局面。这些派别可分为正统派和非正统派。正统派继承了《奥义书》原典并加以修正，不断充实完善。非正统派站在它的对立面，进行批判地继承。它不是代表婆罗门种姓，而是代表刹帝利及更下层的种姓，反对种姓制度，要求众生平等。但是在基本观念上没有改变，只是将其转化了而已。正统派很复杂，我们只是走马观花地介绍了六派。

上两节课我们简略地讲述了印度几千年哲学发展的轮廓。但是，按照西方逻各斯中心主义者的观点，哲学讲逻辑推理，讲世界的普遍规律，像"梵我合一"的思想不能叫作哲学。他们很长时间不把印度哲学视作哲学。他们不但瞧不起印度哲学，也同样瞧不起中国哲学。这方面最有名的代表人物是黑格尔，黑格尔主张真正的哲学从古希腊开始。大家可以参看他的《哲学史讲演录》。黑格尔的《历史哲学》一书写得更充实、生动，有人认为此书可以作为黑格尔哲学的入门书来读。在这部著作中，黑格尔认为印度人精神生活的特点是僵固、呆板、不变、封闭，简言之，印度无精神生活。整个印度人的精神生活缺乏逻辑推理，像说梦话一般，处于梦中状态，恍恍惚惚，不知所云。印度人的精神世界是神秘的世界，妖异的世界，满纸荒唐言。黑格尔站在西方中心主义的立场上，带有深深的文化偏见。黑格尔根据他的辩证法，对中国和印度做了比较。他主张所有的事物一方面是统一的，一方面又是区分的。他主张西方既有统一又有区分。从古希腊开始，统一与区分之间有个合理的结合，所以西方的文化界普遍重视理性。中国是一个伟大的民族，只有统一没有区分。中国只有皇帝一个人是自由的。人人都是平等的，但是人人都是奴隶。这种统一不是精神的统一，而是实体的统一。反过来看，印度从来就没有统一过，只有区分。印度的社会制度是种姓制，四个种姓互相封闭，整个社会只是分裂。所以，根据黑格尔的讲法，中国人是没有自由的，印度社会几千年没有发展。黑格尔的讲法表面上看来是可信的，但事实如何呢？

现在有个很好的办法来反对某种观点，那就是证伪。如果

第六讲　印度哲学导论（下）

我们能针对某种论点找出一个反证，就可以否定它的正确性。我们已经知道，印度正统派的发展是很复杂的，即使我们尚未深入进去，也能看到它并非停滞不前。中国自先秦以来也是在不断地发展。所以，19世纪以后，随着人们对印度的深入了解，恰恰证明黑格尔是满纸荒唐言。最先驳倒黑格尔的是叔本华。黑格尔只讲理智、理性，不讲意志、情感。叔本华吸收《奥义书》的思想，把意志当作本体。他认为决定世界历史发展的东西不是黑格尔讲的逻各斯，而是意志。叔本华讲的意志是生存意志。作为人来说，哪个没有生存意志？有了这个生存意志，这才有个动力源泉。叔本华可以说是颠覆了黑格尔的逻各斯中心主义。

今天我们不讲这个，我们要把佛教发展的过程，佛教的兴起和衰落梳理清楚。在中印文化交流中，我们没有接受《奥义书》那一套，其他像正统派也没有接受，唯独接受、消化了佛教。佛教入中国后成为汉传佛教，就是变成了中国佛教。之后又传到日本、韩国、越南等地。可是，佛教是在印度本土产生的，这节课我们把印度佛教了解一番，这是学习佛教的一步。

我们前面回顾的目的是告诉大家，哲学是受文化、历史、宗教等背景支配的。哲学是一朵花，滋养它的土壤就在它民族生活的社会历史背景中。在印度的社会历史背景之下产生了印度哲学，在希腊的社会历史背景之下产生了希腊哲学，中国也是如此。因为生长的土壤和宗教源头不同，哲学就有不同的形态，有不同的模式。因此，哲学就是多元的，不能拿一种观点作为标准或中心来衡量。就人类历史来说，哲学起源的形态有三种。其他的都是这三种形态不断发展的结果。尽管它们相互交流，但始终未变。希腊的是哲学，印度的是哲学，中国的也是哲学。这是由于不同的背景造成的。从宗教背景看，希腊信奉的是奥林匹斯宗教，表现在荷马史诗里。希腊的社会组织是城邦制。印度的宗教源头是吠陀梵书，印度在雅利安人入侵后进入了种姓社会。中国的社会是宗法社会，注重敬天法祖，认祖归宗，百家姓是说有一百个祖先。这在希腊人看来是不可理解的。所以，哲学有许多形态，不可以某一固定标准去判断。哲学形态的最核心的概念、最中坚的思想、最根本的原动力，在希腊是逻各斯，在印度是梵我同一，在中国是道。由此而决定了思维模式各不相同。在希腊，逻各斯是神圣的，"我"是渺小的。要认识逻各斯，就会产生主体与客体的分离和对立，

第六讲 印度哲学导论(下)

形成了知识论上的主客区分。所以,古希腊的哲学无限追求的是逻各斯主义的理想,就是爱智慧。印度的"梵我同一"在根本上、本原上、初始上就是同一的。我有一个肉体,它是渺小的,但是我的本原是梵体。决定印度人思维模式的是没有主客分离的无差别境界。那么如何证明这种"同一"呢?就要靠直觉,只要我感觉到就行。在价值追求上,印度哲学有一个共同点,是与中国和古希腊不同的,在印度哲学中,哲学即宗教,宗教即哲学。就个人小我而言,个人的解脱是其最高的追求。对于他们来说,生活的世界是一片苦海,最大的苦是轮回。哲学追求的是如何认识和摆脱苦海,如何使小我变成大我,超脱轮回,达到灵魂的解脱,达到很高的境界。整个印度哲学都以解脱为目标。怎么解脱呢?不是通过认识逻各斯,懂得很多道理,而是通过体验的形式,通过直觉。下面我们就讲一下印度佛教哲学。

佛教是一种世界性的宗教,印度佛教哲学博大精深,其理论也很复杂。我们可以从大致轮廓上介绍一下它的发展。印度佛教的发展一般分为四期:原始佛教(从释迦牟尼开始传教始,相当于中国的孔子时代)、部派佛教(又称小乘佛教,相当于中国的秦汉时期)、大乘佛教(相当于中国的东汉到魏晋南北朝时期)、密教时期(相当于中国的唐宋时期)。前后加起来一共一千五百年。这之后佛教在印度就消失了。

我们先来讲原始佛教。同其他自发而生的原始宗教不同,世界上三大宗教都有创始者。释迦牟尼是佛教的创始者。释迦是族名,牟尼是圣人、贤人、有智慧的人。释迦牟尼的创教神话很多。据说释迦牟尼是释迦族的王子,29岁出家,35岁在菩提树下证悟得道,之后传授子弟,80岁圆寂。

概括起来说,释迦牟尼创立的原始佛教的基本观念有二:四谛、三法印。四谛就是指四个真理,即苦、集、灭、道。什么是苦谛呢?就是说人生的诸种现象都是个"苦"字。就人生在世来讲,人生下来就是苦;随之而来的是衰老、疾病,到头来又不免一死。生活中又有求不得、怨憎会和爱别离。哪个人不想求名利?可是理想与现实的距离太大。人际关系中,常常又是"不是冤家不碰头",自己深爱的人总是不在身边。这些现象对于每一个人来说都是普遍的。人的一生,活得越久,经历得越多,往往不出一个"苦"字。在印度,那么多人、那么大个国家都是悲观厌世者,这的确很奇怪。但所有这些都还

第六讲 印度哲学导论（下）

不算，人生还有一种最大的苦，即"五取蕴苦"。就是说人来到这个世上都是偶然的，是五种元素齐聚起来偶然的作用。人被抛到世上来，是色、受、想、行、识五种元素的聚汇。在世界上所有的学说中，佛教真实确切地把人生的苦说得淋漓尽致，没有哪一派能比得上。那么，这些苦是如何产生出来的呢？佛教用来解说产生苦的现象之原因的就是集谛。这就是佛教的"十二支因缘说"，或缘起说。佛教认为，产生苦的原因很多，归纳起来有三个原因，即贪、嗔、痴，又称"三毒"。"十二支因缘"从何开始呢？从无明开始。无明相当于基督教里的原罪，就是愚昧无知。由无明到生死所经历的十二个因果环节即为"十二支因缘"。那么怎样才能从苦中解脱呢？这就是灭谛，灭"十二支因缘"。灭"三毒"，人要是贪心少一点，忌妒心少一点，不那么痴迷，就会变得清醒、理性，就会看透而脱离苦海，就可以掌握自己的命运。如果我们都学着去除"三毒"，那么我们的社会道德就会大大地提高。如果真的能够灭了"三毒"，灭了"十二支因缘"，那么就进入了道谛。道谛就是真正的真理。它有八正道，即正见、正思维、正语、正业、正命、正精进、正念、正定。从苦、集、灭、道"四谛"的观念，释迦牟尼提出了佛教思想精髓的三个观念："三法印"，即诸法无常、诸行无我、涅槃静寂。佛教就是以这"三法印"来判教的，与之不相符合的就是外道。我们可以把这"三法印"同《奥义书》《吠陀梵书》进行比较。《奥义书》讲"梵我同一"，讲永恒不变真实的我。而佛教却说所有的事物都是因缘而起，变化无常，没有什么神我，我是偶然而来，五取蕴而来，没有真正的我，真正的我另有所在。那就是懂得"四谛"，把苦消灭，入于道，以"八正道"指导人生，才可得到真正的大自在、大解脱，获得真正的幸福。但是真正的解脱可不是那么容易的。王国维在《红楼梦评论》中从佛教的角度比较了贾宝玉和妙玉哪个真正得道。贾宝玉历经磨难，把世苦体会得淋漓尽致，最后大彻大悟，了无牵挂。而妙玉呢，从小出家坐禅，却走火入魔，摆脱不了爱欲。所以，解脱不是那么容易的。佛教的根本理论，简单来说就两条："四谛"和"三法印"。"三法印"是对婆罗门教的反动。

释迦牟尼逝世后，他的弟子围绕着"四谛"和"三法印"的思想而产生了分歧，分化成许多的派别。几十个派别为争得真传而相互辩白。于是分化成上座部和大众部。上座部是保守

第六讲 印度哲学导论（下）

派，大众部是改革派。这两派斗争了好几百年。他们所争论的问题主要集中在以下四个方面。第一，佛教僧团应不应该接受施舍。当时的佛教已经形成社团，原始佛教教义要求佛教徒自食其力，不靠别人施舍。上座部主张自食其力。而大众部根据当时的条件认为，许多富人信仰佛教，他们愿意把财产捐给社团，佛教徒理应接受施舍以维持生活。这就像究竟是大伙一块穷还是让一部分人先富起来的争论。第二，释迦牟尼究竟是人还是神。上座部视佛为师，大众部视佛为宗教领袖，认为他有神的神通，具有神圣权威，以抬高佛的宗教权威。第三，成佛是为了个人还是为了教化别人。上座部主张独善其身，这种修行是自私的，最终结果不过是"自了汉"。大众部则主张兼济天下。第四，在理论上，上座部讲诸行无常、诸法无我，但还是承认外在世界是客观存在的，空是性空。所以又被称为"说一切有部"。大众部讲"因缘所生法，我说即是空"。这个空不是没有，而是无自性，没有自己存在的价值，都是因缘和合而成，无实有。这些部派佛教被统称为小乘。小乘后来为大乘所取代。现在的泰国、缅甸、柬埔寨，还有我国云南傣族等地仍信奉小乘佛教，而传到中原大地的是大乘佛教。

大乘佛教分为空宗和有宗。这二宗是部派佛教时期的说一切空和说一切有学说的进一步发展和体系化的结果。讲空宗的大师有两位，一位是龙树，一位是提婆，他们的生活时代相当于中国的魏晋南北朝时期。他们的理论认为，世界上的一切都是空的。其纲领是"因缘所生法，我说即是空"。地、水、火、风为"四大"，四大皆空。宇宙万物由"四大"组成，把"四大"说成是因缘所生，当然就是空，都是无自性的，不能永存的，所以说是诸行无常。就"我"来说，是诸法无我。没有一个"我"，这是空宗的本领。在魏晋时期，中国有一个伟大的翻译家叫鸠摩罗什，他把大乘空宗的思想翻译到中国来。大乘空宗的经典是《大般若经》，解说这部经有名的有三部论，即中论、百论、十二门论，合称"三论"，还有一部大智度论。这一学派在中国称为中观学派。什么是中观呢？就是把所有的事情用一套非常复杂的辩证理论思维或者否定思维一概否定，就是说非有非无，既非有，也非无。因为无自性，所以是非有，同时又是非无，即假有。从真的方面说它是无，从假的方面说它又是有。这是一种很巧妙很聪明的说法，它的力量可以说是无坚不摧。中国当时正值玄学兴起，玄学有两派，一派叫

第六讲　印度哲学导论（下）

作贵无派，一派叫作崇有派。这两派争论了很长时间。它们的争论是从老子开始的。老子讲天下万物生于有，有生于无。这类似于先有鸡还是先有蛋的问题，其实从两边都可以说。佛教传进来之后，讲既不是有，也不是无，同时又是即有即无。这样就把玄学的两派都否定了。

可以说龙树、提婆把大众部说一切空的思想发展到了极点。可是问题又产生了：如果说诸法无我，那么，轮回又是怎么进行的呢？没有我（主体）还修行什么，还谈什么超脱，如何进至涅槃寂静呢？涅槃寂静是因不幸而来的，如果不幸没有了，世界无自性了，必然陷入矛盾。这等于把整个佛教的根基给摧毁了。于是就产生了有宗。有的意思是境无识有。境是外界，它是无自性的。唯独有的是自己的意识。识有很多。佛教有宗讲共有"八识"。第七个是末那识，第八是阿赖耶识，阿赖耶识是不断流转的。就这样，有宗为宗教修行的目标建立了一个新的根基，解决了空宗理论上的片面性。玄奘法师从印度取回来的是有宗的经典，他所建立的宗派称唯识宗或者法相宗。玄奘一辈子翻译了很多经典，又编写了一部书，叫《成唯识论》。如果说魏晋南北朝时期鸠摩罗什把空宗介绍到了中国，那么唐代的玄奘又把有宗译介了过来。这两宗统称大乘佛教。这是第三期。

在印度，宗教的基础是婆罗门教，它除了有《奥义书》的思维以外，还有很多神秘的内容。佛教在发展过程中，由于理论过于艰深，不适合普通信众的需要，于是又同印度教、婆罗门教的巫术等低级的偶像崇拜的内容相结合，形成密教，也称真言宗。密有三义：口密、身密和意密。口密是咒语，其中含有无穷魅力；身密是手势语；意密是运用意念去观想。佛教走到这地步，也就走向了衰落。中国的西藏、内蒙古等地方信奉密教。9世纪时，密教还传到了日本，称为真言宗，在日本很有势力。

到了13世纪，佛教在印度本土就衰落了。那么我们再来看一下佛教在印度本土衰落的原因。首先，大乘空、有二宗发展到密宗时堕落了。它本身丧失了继续发展的生命力。有人认为不是那么回事。如果说它丧失了生命力，那么为什么在中国传了下去，在日本传了下去呢？这的确是个问题。还有一个原因，那就是从8、9世纪开始，伊斯兰教进入印度，伊斯兰教反对偶像崇拜，佛教的寺庙纷纷被摧毁。通常，佛教的高僧大

第六讲 印度哲学导论(下)

德都住在寺庙里,这样一来,他们就到处流浪。玄奘写《大唐西域记》时大约在 8、9 世纪,那时的印度佛教寺庙繁荣、辉煌,一二百年之后,就荡然无存了。佛教又是一个和平的宗教,面对宗教冲突,它也没有为了维护自己而抗争。由于这些原因,在佛教衰落的时候,印度教又在印度发展了起来。其中的原因非常复杂。

总而言之,印度哲学是丰富多彩的,它代表着一个系列,一种不一样的哲学形态。

第七讲 中国哲学导论（一）

  我们上次讲了印度和希腊的哲学,今天给大家讲中国的哲学。我们讲三种不重叠的哲学,而且每种哲学都有几千年的发展历程,自成体系。希腊的哲学是一个体系,印度的哲学是一个体系,中国的哲学也有几千年的历史,自成体系。我们要对这些哲学有个走马观花式的大致了解,目的是了解哲学不是一个来源,全世界不是只有普遍的唯一的一种哲学(就像黑格尔所说的那个样子),必须打破世界上只有一种哲学而且只是西方哲学的传统观念。至少要打破这种观念:一百年来以西方哲学为参照系,西方哲学才是真正的哲学。中国和印度哲学不是什么哲学。这种观念在21世纪遭到了质疑。

  20世纪30年代,冯友兰写就《中国哲学史》,引起陈寅恪、金岳霖等大家的讨论,主要围绕两个观念:"哲学在中国"和"中国的哲学"。这两个观念有什么不同?这个问题当时并没有解决。金岳霖不赞成"哲学在中国"的讲法,他批判胡适的《中国哲学史大纲》像美国商人写的书,把中国哲学看成实用主义在中国的发展史。说来说去还是"哲学在中国"。冯友兰的著作是中国自己发展的哲学。哲学还有逻辑架构与推理,逻辑是中国哲学最大的缺点。世界上没有中国的物理学、中国的数学,哲学则不同,一定带有民族文化的特点。失去民族文化特色,搞成普遍的哲学则不可能。百年来在西方强大的话语之下,中国、印度是弱势,处在它的控制之下,普遍认为孔老思想不是哲学。中国哲学完全被抹杀了。于是在21世纪产生了中国哲学合法性的危机。中国人民大学一位年轻副教授,把这种危机概括为"汉话胡说",用西方哲学的框架套中国哲学。

雅斯贝尔斯的轴心期理论明确地告诉我们,早在公元前800年到公元前200年,世界范围内希腊、印度和中国同时产生了哲学,哲学三元。雅斯贝尔斯的理论,无论赞成与否,我们都要承认他说出了一个确凿无疑的事实:三者独自产生,所以哲学三元而非一元,三分天下。三者自成体系,平行发展。近代以来,西方文化处于强势地位,压倒中国、印度哲学,说是真理只有西方才有。如此则不知印度、中国是几千年的文

第七讲　中国哲学导论（一）

明古国。黑格尔提出的"西方中心论"的偏见，至今仍根深蒂固，比如，西方大学哲学系没有东方哲学的位置，中国哲学、印度哲学只能跑到东亚系去学。中国哲学、印度哲学处于历史的边缘，没有进入世界历史，进入世界历史的只有西方哲学。汉语文化圈的不少地方也继承了这种偏见，研究中国思想常常要去中文系。唯独我国大陆的哲学系才同时开设中国、西方和印度哲学史。所以金岳霖关于哲学的定义是"说出一个道理的偏见"——他指的是文化偏见。每一种哲学都带有民族特色。在文化交流过程中，强势压倒弱势，所以文化认同是一件非常难的事。金岳霖写的哲学从西方人的眼光看，也是第一流的。之所以他还要写《论道》，是因为《知识论》不能安身立命，作为中国人，不能把自己摆进去。对于中国人来说，一定有个"道"才行。下面我们来看看"道"的问题。这个"道"从偏见上反映了人生宇宙的问题。

中国人、西方人，只要是活着的人，地球上的人都属于人类，都是同样的，但人们了解宇宙人生的角度则不同。中国人从中国人的角度看问题，这是没办法的事情，如同我们是黄皮肤一样，西方人从西方人的观点看，印度人则从印度人的眼光看到的宇宙人生。这样一来就有了偏见。既然是偏见,那我们看宇宙人生能是一样的吗?这里面就有从个别到一般的关系。中国人的眼光,用现在的话来说,也许是文化的基因,是生下来就有的。再加上我们学汉语,生活在中国的环境中,那是与生俱来的。我们长这个样子,全世界一看就知道是中国人。这是一个生理上的遗传基因。那么中国人的举止、行为、思维模式等各个方面,也自然而然地带有中国人自己的文化基因。从这个文化基因产生出来的哲学,必然带有一个所谓的文化基因的问题。我们不要为此丧失自信,认为我们这个文化基因不好,我们的鼻梁没有西方人的高,我们的眼睛没有西方人的蓝,我们因此低人一等,我们的文化基因和哲学也比不上别人,这个事情在一百年前还可以这么看,可是在 21 世纪还有这个看法,那就不行啦。中国人该起飞了嘛,杨利伟也成了太空人了嘛,中国人照样上了天。这个天,这个太空,既是西方人的,也是俄国人的,同样也是我们中国人的。为什么中国人就不能进入这个太空领地呢?哲学也是一样,我们照样也可以创立一个哲学领地。但是我们一定要建造一个"神舟飞船",要让它上天才行。所以我们一定要讲讲中国的哲学。讲印度的

第七讲　中国哲学导论（一）

哲学，讲希腊的哲学，目的是为我们提供一个参照系，提供一个比较。看起来这三个地方的哲学有很多的差异，虽然是哲学，但是这中间有很多复杂的情况，我们要从各方面了解，扩大我们的视野。

然后我们再来讲，对于印度哲学、西方哲学也好，我要讲的这个观点，不知道你们有没有一个印象，就是所有的哲学，都是从宗教母体中产生的。人类一开始没有哲学，只有宗教、神话，这个宗教，既不是基督教也不是佛教这种高级宗教，而是一种刚刚脱离了动物，变成了人之后，思维模式很低下，头脑中形成的一种崇拜，称之为什么呢？我看了一本书，就是列维-施特劳斯的《野性的思维》，用这个书名来描述比较贴切。思维带有野性，带有动物性，带有原始性，那就是说各个民族自觉走出初级阶段所形成的一种宗教。经过很长一段时期，也许是几千年，才从几千年的那个原始、粗糙的宗教神话中脱身而出，产生了哲学，而且这种哲学的突破就全世界来说，并不是虚造各种意识，而且仅仅只有中国、印度、希腊才有的，其他地方是没有的。这确实是一件奇怪的事情，搞不清为什么只有这三个地方有。这是经过很多的艰难曲折才产生的哲学的突破。所以你要了解哲学的特点，中国、印度、西方，一定要回溯到它的源头，追本溯源，看看它们各自的宗教母体是个什么样子，妈不同，生下来的孩子就不一样，孩子一定是像自己的父母。精神也同样如此。我们讲了，希腊的原始宗教，就是奥林匹斯宗教、荷马史诗和神谱。印度的宗教就是《奥义书》《吠陀》。古希腊的宗教经过很长时间的发展产生了以逻各斯为体系的哲学。印度哲学里就自然而然地产生了一种"梵我同一"的哲学形态。而在中国则自然而然地产生了儒家、墨家、道家、法家的思想形态。这些哲学都带有宗教胎记。这个胎记终身不灭。

那么，要谈中国的哲学，我们首先简单地谈谈中国的原始宗教，这个宗教跟印度、希腊的宗教不一样，因而所产生的哲学也不一样。中国古代的宗教有没有研究出什么名堂？究竟是个什么名堂？我也说不清楚。这个说法各种各样。从现有的说法看，中国的原始宗教就是崇拜两样：一个叫天神崇拜，一个叫祖宗崇拜。敬天法祖，敬天，是天神崇拜；法祖，是祖先崇拜。这个宗教到了西周的时候就已经成了一种定型的东西。西周的宗教不是崇拜一个简单的东西。这里面蕴涵着我们中国人

第七讲 中国哲学导论（一）

的一种理想、一种希望，蕴涵着中国古代人对于自然、宇宙、人生的一种看法。天是什么？为什么要进行敬天崇拜？天，就是天老爷、老天爷，完全是自然崇拜。天老爷之下有日、月、星、辰。北京有个天坛，有个地坛，还有个日坛和月坛。这都是由古代的天神崇拜所遗留的痕迹。至于祖先崇拜更是如此。我们随便哪个人，都有自己的祖先，比如说姓张的，有张氏族谱，姓李的有李氏族谱，那么那个最大的共同的祖先是谁呢？是什么呢？我们是炎黄子孙嘛。我们共同的祖先就是黄帝和炎帝。黄帝、炎帝的子孙代代相传，后来产生了百家姓。敬天法祖的宗教中蕴涵着很多的哲学思维。但很多人有这样一种看法，我比较反对：说敬天法祖的宗教是一种比较成熟的宗教，比这种宗教更低级的是一种什么宗教呢？比这种宗教更低级的是萨满教。有人就根据这一条说中国不是没有宗教，神汉巫婆就比较典型，这是比敬天法祖更低级的。我的朋友李泽厚，有人称他是青年导师，他就把这样一种传统称为巫史传统，我同意他的看法。巫，就是萨满教。巫，它可以弄得刮风下雨、家破人亡。《红楼梦》里的赵姨娘，她恨死了王熙凤，也恨死了贾宝玉，就想办法搞巫蛊害人，用剪纸人和做木偶人制成两个小人，一个是王熙凤，一个是贾宝玉，边诅咒边用针扎他们。通过这个动作，要置王熙凤、贾宝玉于死地。那是巫术传统，它本身是没有什么哲学意味的。

我们简单地讲讲敬天法祖发展的历史线索。大约距现在四五千年前的五帝时代，五帝中的一位，叫颛顼，他对巫史传统的萨满教进行了一场伟大的宗教改革"绝地天通"。在颛顼搞宗教改革之前，人们普遍奉行萨满教。人人都会降神，家家都可以做巫史。颛顼把地和天之间的交通断绝了，地就是指人，不是随便随便什么人都能都降神。把天、地、人、神各个方面的界限划得非常清楚。他专门封了两个大官，《国语·楚语下》记载："颛顼受之，乃命南正重司天以属神；命火正黎司地以属民"，专门管天和地的事，把天上神的秩序管理好，把地上老百姓的秩序也管理好。天上地上的秩序安顿好以后，由王官体系来掌握，并由颛顼这个部落联盟的首领直接领导，谁也不能随随便便搞什么降神的玩意儿。管天上的那个官，就是南正重，把天神的秩序组织起来。天神是什么呢？就是自然之神，天、地、日、月，天神是最高的，天下面是地，日、月是个补助，还有风神、雨神、雷神等，各司其职，然后人去祭

第七讲 中国哲学导论（一）

祀它。这样就组成了一个天神崇拜的系统。管地上的官火正黎，就组织地上老百姓的秩序，这个秩序是按照什么来组织的呢？按照姓，按照血缘，也就搞成了宗族的普姓。一百个姓，就有一百个宗族，这个秩序不能混乱。

颛顼传到尧、舜，再到夏、商、周，加起来一共两三千年。一直到西周，才形成了一个非常严谨的"敬天法祖"崇拜体系。这种宗教就是后来中国哲学的起源。敬天法祖这个体系里蕴涵着天人关系，它所讲的祖先也是分等级的。有王族的祖先，有大官的祖先，有普通老百姓的祖先，这个"祖先"有一套等级，所以在敬神方面有一套秩序。就祭天而言，谁能祭天呢？我们每一个人都能祭天吗？不可能的，只有天子才能祭天的，因为他是天的儿子。不是天子而去祭天，那就是违法乱纪、是僭越，要犯杀头之罪的。那么诸侯敬什么呢？不能祭天，只能在天子祭天的时候陪着，只能祭家乡的山川河神；至于那些没有爵位的、普通的庶民，只能祭祖先。就算是再祭，也只能祭家里的灶王爷。现在的家里都没有灶王爷了吧？以前家家都有灶王爷，每天都要用灶做饭呀，这个灶王爷是要"上天言好事"的，所以只能祭这个。这个井然的秩序就是天和人的关系。那么,从三皇五帝到夏商周这几千年来,塑造的就是这个敬天法祖的全民宗教信仰。

西周时期基于敬天法祖的信仰,建立了礼乐制度,使天下和谐有序,但到了春秋战国时期,天下失序,那套信仰体系受到人们怀疑。人们开始思考究竟天是什么?究竟祖是什么?根据敬天法祖的宗教信仰,怎样思考才更合理?因为春秋战国时期征伐不断,春秋有五霸,战国有七雄,连年不断的战争,社会秩序都被打乱了,原来的那套宗法结构也都被破坏了,礼坏乐崩。在这个时候,人们才开始思考,天和人是什么?也就是宇宙和人生究竟是什么?这个时候就开始形成哲学了。

可见,中国哲学产生伊始就和希腊不一样。希腊的哲学是怎样产生的?希腊的第一个哲学家是哪一位?是泰勒斯。泰勒斯说过什么呢?他第一个提出"什么是万物的本原"这个问题,并通过理性思考得出"世界的本原是水"。用亚里士多德的话来说,希腊哲学的产生,是出于惊异,是对于自然的惊异。由于惊异,人们才会追问这个自然是什么,一定是有什么东西造就了自然,它的基础一定是某种东西。于是希腊的哲人有人说是水,有人说是火,出现了各种各样的说法。

第七讲 中国哲学导论(一)

虽然现在看来这些说法都没法成立,但是通过人的理性,对于自然万物,不用神话来解释,而用哲学来解释,这就是一种极大的突破。

再说印度的哲学,印度的哲学,它反复讲什么问题呢?摆脱生死轮回呀!人生都是苦啊,一片苦海,死了以后还得投胎,不知道来世会托生个什么?(好像天蓬元帅似的,投胎投到了猪肚子里,成了一个猪八戒了。)摆脱生死轮回,要解脱啊,为了解脱啊,就要思考"梵我同一",努力回到"梵我同一"。那么中国的哲学讲的是怎么回事呢?就是在礼坏乐崩、天下大乱之时,求得我们社会伦理和个人道德等方面的一种安定和平的秩序。所以中国的哲学,谈的是一种忧患的意识,这个社会的秩序不安宁啊,处于一种忧患之中,《诗经》里有首诗,描写了西周末年的一个贵族,大家知道,西周的周幽王,他宠信褒姒,结果亡了国。犬戎入侵,把西周的首都毁成一片瓦砾。这个贵族伤心极了,原来那么好的景象,经过一次战乱,就破坏得荡然无存,那样的太平景象何时再来呢?他发出了一番感慨,说道:"知我者,谓我心忧;不知我者,谓我何求?"他走着走着,满腹忧患,看在心里,忧心如焚。了解我的人,认为我是忧患,不了解我的人,以为我是大傻瓜。何必如此呢,谓我何求呢。天老爷啊天老爷,你为什么不好好关注这个人间的事?这是哲学的开始,中国哲学的起源和开始。如果说,希腊的哲学家都带有科学家的气质,那么中国的哲学则带有诗人的气质,忧国忧民的气质。像屈原啊,他是一个诗人,他是什么时候开始做诗人的呢?他本来是个做得很好的三闾大夫,很高的官,副总理级的,国务委员,结果楚怀王不信任他,把他贬谪了。他满怀忧伤的时候,他一方面写了《离骚》,另一方面写了一部非常有名的哲学作品,叫作《天问》。他对上下、宇宙、神话、历史、人生等提出了一系列的问题,有的到了现在还无法解答(近代有个诗人跟屈原产生了共鸣,对屈原做了详细的考证,这个人是谁呢?他就是闻一多。诗人与诗人有同感啊),这么一来啊,中国春秋战国时期由敬天法祖的宗教到发展出了哲学,里面提出一个天人关系的问题。它提出的问题是蕴涵一个哲学的意味在其中的。春秋时期,天下大乱,礼坏乐崩,原来的秩序不存在了,于是乎就产生了一大批的哲学家。他们忧急如焚,考虑的问题就是天人关系。天人关系也就是敬天法祖。而且呢,中国的哲学家都带有诗人的气

第七讲 中国哲学导论（一）

质，屈原是诗人，老子、孔子、庄子呢？那更是伟大的诗人。读文学，不懂得庄子，那就根本不懂得中国。如果不懂得中国的文学就不会懂得中国的哲学。中国哲学的产生带有诗人的忧患气质，带有一种忧国忧民的气质，与印度哲学带有的那种宗教的气质、希腊哲学带有的那种科学家的气质不同，根子就在哲学的源头上。

下面我们将真正讲到中国哲学的发展历程。一般来说，中国哲学经历了这样几个阶段，分朝代的：先秦，这时候诸子百家争鸣，是诸子哲学；汉代，东汉西汉一共有四百年，这时候是经学，就是五经之学；到了魏晋时候呢，就是玄学；那么到了隋唐时候呢，佛学；到了宋明时候呢，是理学；到了清朝时候呢，那就很复杂了，简单地说，那叫朴学，也叫作乾嘉汉学。这一段过程，我们很难在短时间内讲完。接下来，我们先着重讲一讲先秦哲学，然后再讲两汉经学、魏晋玄学和宋明理学。只要把这段过程搞清楚，那么中国哲学就清楚了。

第八讲 中国哲学导论（二）

　　我们这门哲学导论之所以采取这样一种讲法,是为了给大家提供一种比较,一种鉴别。做比较和鉴别可以扩大我们的视野,可以帮我们建立起一个大哲学的概念。哲学的内容广泛,中国有哲学,印度有哲学,西方同样有哲学。那么几种不同的哲学中,我们可以参照,可以比较,可以鉴别,然后可以形成一种自己的哲学观念。通过这样的比较,我们可以借由西方的眼光来看中国,也可以从中国的眼光来看西方,或者从印度的眼光来看中国和西方。究竟哪种看法比较准确呢?我们越是站得高,才越看得远。我们的目的就是登高望远、仔细考察。比方说,西方的哲学是一种理性的哲学,是以逻各斯这个概念为中心的哲学。那么,西方人用西方的观点来看中国的哲学,那么它就不是一种哲学。西方人以往常否定中国有哲学,而认为中国只有一种政治思想、道德伦理思想，谈不上什么哲学。黑格尔就是一个例子。一直到现在，西方人对中国还存在这样一种顽固的偏见，西方的大学哲学系里是不开中国哲学课的。这样的偏见也影响了我们中国。

那么，西方人说中国没有哲学，他们的判断标准究竟是什么呢？就是理性。他们认为中国哲学没有理性，没有逻辑推理，缺乏论证。以同样的观点来看印度哲学也一样。印度的哲学和宗教相联系，它是一种宗教的哲学、人生的哲学。如果从中国人的观点来看西方，我们也可以说西方的哲学并不是一种哲学。因为它没有什么用啊。比如说，逻辑分析、语言分析，有些概念里面还做了很多文章，可到了现实中没有什么用。这些东西只能在大学里讲一讲，拿到社会去没有什么用，不讲实用，或者说它不能够切合人生。但我们这个哲学，对我们自己安身立命、怎么解脱很有帮助。然而，在现代这样一个全球化的时代，我们应该有广阔的视野，要看到哲学有不同的形态。像印度，专门强调一种情感上的皈依，带有一种宗教性，追求一种个人的解脱，这是哲学。至于中国哲学，和社会政治关系密切，对于道德观点，有道还是无

第八讲 中国哲学导论（二）

道，天道还是人道，形成一种关注，这也是一种哲学。在彼此平等的地位上形成相互对话，那样就可以达到人类精神上的统一。这是哲学未来发展的方向。

关于理性，我们会问理性究竟是什么呢？理性是可以细分的。它能分为几种呢？理性是不是只有一种，一种逻辑推理理性呢？实际上，通过研究，现在很多人都承认理性的形态也是多样的。理性有好几种不同的分法。最常见的分法是：工具理性、价值理性，这是两分的；以及科学理性、人文理性，还有情感，情感也包括在理性的方向里面。中国人最讲究情感的理性化，叫作以理制情，使理性和情感达到一种交融的地步。这也是一种理性。那么我们讲的三种不同的哲学，就理性来说，西方主要是强调逻辑理性，也可以称之为科学理性，着重强调一种外在的、客观的、逻各斯的结构体现。印度的理性呢，我们讲佛教的时候讲过，佛教讲究三样东西并重，就是戒、定、慧。作为一个修行者，这三个方面缺一不可。戒，就是清规戒律的戒，这是一定要遵守的。佛教很强调这点。还有禅定，坐禅，让身心安静下来，进入定的状态，不为外物所动。还有一样东西是什么呢？就是慧、智慧，就是理性。专门有戒有定，遵守清规戒律，遵守禅定修行的方法，可是缺乏智慧也不行；就算有智慧，但在身心上不进行严格的持守，不遵守清规戒律，也达不到修行的目的。印度也讲这个慧，而且它是和戒、定紧密联系在一起的。它讲的智慧是一种宗教的智慧，带有宗教色彩的智慧，求解脱的智慧。这也是一种理性。那么中国哲学呢，我上次给大家讲过了，先秦的儒、墨、道、法，百家争鸣，它所追求的是社会、政治、伦理的一种合理的秩序，这可以称之为一种人文理性。至此，我们至少可以看出理性具有多样化的特性。各种理性综合形成一个整体，这才是一个大的哲学观。

在西方，理性这个概念和感性是相对立的，感觉到的是表象，不是哲学，哲学一定要达到理性的、逻各斯那样一个阶段。在印度，理性和非理性也是对立的。中国的哲学，从修行方面来说，不强调这个对立。中国哲学强调"道"，这个"道"有很多种，有天道、地道、人道，还有内圣外王之道。这个"道"，是一个伦理性的概念，在先秦哲学百家争鸣的时代，各派之间争来争去。这个"道"，它不是一个理性和非理

第八讲　中国哲学导论（二）

性的对立，也不是理性和感性的对立，而是部分和整体的对立。比如说，我是儒家，你是道家，你对"道"的理解偏了，我对"道"的理解才是全面的，那边就会反过来说，不对，你儒家掌握的"道"是片面的，我道家掌握的才是一个整体的"道"。他们总是批评别人理解的"道"是片面的，而认为自己理解的"道"是全面的。往往批评片面的、部分的"道"的理解，用一个贬义词如"一曲之士""坐井观天"等，意思是只看到了"道"的一部分，看不到"道"的全体。那么，同样讲究对"道"的理解，究竟哪种理解是正确的呢？判断真理的标准是什么呢？儒家和道家都说，我是继承古代圣王的。大家都把古代圣王看成是自己思想的源头，可是他们的思想相反，取舍相反；若说是对立吧，他们又都说是古代圣王那里来的。那么到底谁是真的呢？谁符合圣王之道呢？这样争来争去就涌现了各种学说，出现了"百家争鸣"的格局。我们上次讲了，有时候，道理是慢慢讲清楚的，孟子批评墨家，同时批评道家的杨朱，说杨朱的"为我"是"无君也"，说墨子的"兼爱"是"无父也"，"无父无君是禽兽也"。这句话就说得太严重了，是在社会政治价值观的前提下来批判的。还有的提到哲学上来批判。这个批判是很有意思的。比如说,荀子有一个"解蔽"说,他认为其他各家都有弊端,我要解这个蔽,用他所了解的"道"的全面性来批判各家的片面性。比如他批评墨子,说墨子只看到事物平等的那一方面,没有看到所有的事物都是差异的:"墨子有见于齐而无见于畸。"你只看到事物平等的一方面,没有看到不相平等的那一面,既然如此,那就是片面的。还有墨子强调功利,反对音乐、反对文化、反对艺术,崇尚实用、功利性,认为没有用的东西都是浪费,如果在有用的东西上面加很多花哨,那它就是浪费。荀子对于墨子这样的主张持批评态度,说他是"有见于用,而无见于文",因为所有的"文"都是在功利性的基础上再加上很多文化的色彩。至于庄子,荀子认为庄子老是强调天道,讲无为,讲自然,庄子是"蔽于天而不知人",老是看到天,看不到人,看不到社会,所以是"道"之一隅。虽然如此,荀子并没有把各家一笔抹杀,他说,各家都是有所见,都是持之有故,言之成理。虽然如此,荀子认为,各家所见都只是偏见而已。荀子有篇文章,叫《非十二子》,讲的就是这些。

第八讲　中国哲学导论（二）

战国末期出现了学术上的大融合，比如说，各家互相吸收融合，儒家吸收道家，道家也吸收儒家，墨家也被各家吸收。杂家的吕不韦，把各家学者召集起来，写了《吕氏春秋》。那么，在学术大融合的过程中，就产生了中国人一直奉行的、并为后来学者所继承的"和而不同"的精神。中国后来的政治形成了专制主义，但在文化上却体现了"天下一致而百虑，同归而殊途"的特点。各家可以相互并存，虽然有学派之间相互争斗的情况，但是没有发生战争。比如说，在中国历史上没有宗教战争，儒释道三教是合流的。而这在西方是没有的。比如说，基督教和伊斯兰教发生了战争，十字军东征持续了很多年。即使在基督教内部，新教和天主教之间也打了几百年。这种情况在中国历史上是很少见的。是什么原因造成这种情况的呢？因为当时每一种学派都反映了历史的某一个方面。历史的结构不是单一的，而是多元的。我把它叫作"中国的历史是一个张力结构"，各种势力之间都是相互需要的。不管是法家、道家、儒家、墨家、阴阳家也好，都适应了社会某一方面的需要。随着历史的发展，对一派的需求上升了，它就占据主要地位了；假如对另一派的需求上升了,另一派就会占据主要地位。这就叫作"互争雄长"。

大家都知道,战国七雄打了两百多年的仗,最后秦始皇统一中国,他是用什么思想统一的呢?是法家。用了韩非的思想,用了李斯,这两位都是荀子的学生。荀子是儒家的大师,一个儒家的大师,培养了两个法家的学生,这是很奇怪的。荀子的这两位学生专门研究法家那一套。法家讲实力,讲霸术,讲富国强兵。在战国时候,儒家的那一套不能用。孔子、孟子先后周游列国,宣讲仁义道德,但是没人采用。政治斗争、军事斗争讲究的是实力。可是秦"二世而亡",秦始皇建立统一王朝十五年之后就灭国了。法家那一套既然很好,为什么立国之后不能继续运用呢?马上得天下,但不可以马上治天下。秦始皇被推翻以后,到了汉朝,刘邦是用什么方法治国的呢?他用的是道家,黄老之道。奉行清静无为,不去干涉。这个方法实行了七十年,整个国家的经济就恢复了。但是到了汉武帝,这种治理方式又不适用了。汉武帝采取的是儒家的方法,"罢黜百家,独尊儒术"。所以短短几十年间,儒、道、法三家就有三个起伏。哪个对哪个错

第八讲 中国哲学导论（二）

呢？依我说，都有点对，但都不完全对。这取决于当时的需要。所以说，天下殊途而同归，有时候归于儒家，有时候归于道家，有时候归于法家。用哲学的术语说，这叫作"历史理性的悖论"，是指历史的合规律性和历史的合目的性的悖论。合规律的不一定合目的，合目的不一定合规律。比如说，秦始皇用武力统一了六国，杀人无数，长平之战就坑杀了四十万人，从统一的角度来说，这对秦而言是必要的。但是这种做法不合乎人的目的性。道家的清静无为，是合乎历史的规律，但是它也不完全合乎人的目的。因为它反对人的道德、价值等东西。儒家对于历史的合规律性的东西考虑得比较少。只要做个好人，做个有道德的人，从道德的角度处理事情，他就符合人的目的，但是有些事情却做不通。所以无论何时何地，无论是在中国还是在西方，也不管是古代还是现代，人类很难在这两个矛盾中取得平衡。

就汉朝来说，汉武帝用儒家的思想来治理天下，他的治理手段是不是完全就是儒家的呢？仅用儒家的思想是行不通的。汉武帝实际上信的是方士之术，而且他穷兵黩武的做法也不是儒家所赞成的。所以当时有个大臣说他是"外施仁义而内多欲"。从整体上看，汉朝的治国方略是霸王道杂用之。东汉光武帝建国之后，以柔道治天下，杂用道家和儒家思想。所以，在中国文化中，先秦时期发展出来的各家没有不被实施的。在中国两千多年的文化和哲学历程中，几乎每家都没有消灭。墨家的侠客思想，在中国一直很流行。还有阴阳家的阴阳五行，到现在还有很多人在用。所有这些东西，都在先秦时代就打下了基础。尤其是轴心期的文化创造，在中国文化生活中广泛地发挥作用。这种情况总体看来，印度的和我们不一样，西方也不一样，他们大多是一种取代性的关系。在汉朝的四百多年中，凭借着先秦的文化基础，在世界历史上建立了一个汉代的帝国，恰与当时的罗马帝国相媲美。汉代是以儒家的思想为主，所以汉代的学问我们称之为经学。汉代和罗马相比，最大的差别是：罗马是一个法治社会，而中国的汉代是一个礼治社会。罗马的法治非常有名，对西方社会有着深远的影响；而汉代是"以礼治天下"。正是因为以礼治天下，汉代的四百年形成了一种文化实体，把幅员广大的中国，塑造成了一个名教社会。由礼治形成的文化

第八讲　中国哲学导论（二）

叫作礼治的文化，以礼治文化形成的社会的特征是名教，称之为名教社会，以名为教。"名教"这个词，来自孔子的正名思想。孔子曾对他的弟子说，"名不正则言不顺，言不顺则事不成"。君君臣臣，父父子子，按照一定的名分来处理政治、生活的各个方面，这是儒家一贯的思想。这个思想，按照名分的规定，带有一定的等级性。这就把儒家的伦理道德思想灌输进去了，总体思想是一个"礼"字。不过，名教往往会产生异化，所以名教最大的问题是：首先会名不副实，其次会产生虚假。由于历史悖论的发展，汉代末年时发生严重的社会危机，汉王朝被取代而灭亡。

汉代结束以后，就是三国时期，曹操、刘备、孙权争夺天下。在这种情况下，在哲学上也产生了大问题。人们思索究竟名教的合理性在什么地方？名教的合理性在于自然、真实。自然在当时代表的是一种理想，并不简简单单地只是自然界的和谐，而是用自然的和谐来规范人类的社会。当时社会讨论名教和自然的问题，思想热点就从经学转到玄学上来了。经学的经典是儒家的五经（《诗经》《尚书》《礼记》《周易》《春秋》),玄学的经典是《老子》《庄子》和《周易》。由此提出问题,这二者的宗旨有什么相同的地方,有什么不同的地方?一个强调现实,一个着重理想,究竟这二者是同是异?对于这个问题,当时有几种可能的选择:第一种认为,自然是根本,名教是枝节;另外有种反对的意见说,名教是本,自然是末;第三种主张,越名教而任自然;还有第四种,名教等于自然,自然等于名教。从哲学上来讲,将名教称之为"有",将自然称之为"无"。王弼在哲学上主张"以无为贵";主张名教为根本的人是裴頠;"越名教而任自然"的主张者是嵇康和阮籍;而主张"名教等于自然"的是郭象,就是他有名的"独化论"。"独化"就是说每个人都有自己的本分,都有自己的本性,应该按照自己的本性生活。用现在的话说,就是人人为自己,上帝为大家。每人都为自己,按照自己的本性,不受外界的扭曲,率性而行,自为而相因。我们这里没能对上述的概念、逻辑推演做详细的分梳。联系当时的社会背景,我们也可以看出那时的讨论在中国哲学上又达到了一个高峰,超过了两汉。因为崇尚玄谈,当时一个叫王戎的,以"将无同"三字论玄学而受到重用。王弼二十岁因谈玄而名声大振,成为中国哲学史上重要的哲学家。由此形成魏晋时期的"魏晋风度""名士风流"。正是由于魏晋哲学家的开放、自由的思考,迎来了印度佛教思想,交流融合,开创了后来中国哲学的发展。

第九讲 中国哲学导论（三）

我们上次课讲到了魏晋玄学。在中国历史上,哲学的发展出现了三次高潮。第一次是春秋战国时期的百家争鸣;第二个时期是魏晋时期,那是第二次的百家争鸣;第三次是宋明时期。如果我们了解了这三次大发展的哲学含义,就对中国哲学有了一个概略的掌握。我们上节课讲了魏晋玄学的主题——自然和名教的关系。围绕着这个主题产生了好几种不同的解答。第一种主张自然为本,名教为末,它的代表是王弼的贵无论;第二种主张名教为本,自然为末,它的代表是裴頠的崇有论;第三种主张自然和名教是一回事,它的代表是郭象的独化论;第四种主张只要自然,不要名教,这是嵇康、阮籍的"越名教而任自然"。他们都有一套理论,都有一派风格,都是了不起的人物。鲁迅先生曾经花了很多时间校勘《嵇康集》,他的性格堪称现代版的嵇康。

我们现在所讨论的自然名教之辩这一哲学课题,仍然是人类没有解决的问题。如果说自然是理想,名教是现实,那就是理想与现实的关系;如果说名教是现实的、不能否认的东西,那它就是必然的。可是人不能只是生活在必然中,还要求自由,这就构成自由和必然的关系。如果说名教是社会组织,是个既存事实,我们也可以说是个名教社会,但是它是否符合我们的价值呢?这就构成了事实与价值的关系问题,这是古今中外都会碰到的问题。这也就是历史的悖论。康德在完成了三大批判后,又对历史理性进行了批判。他发现历史理性有一个内在矛盾,叫作历史理性悖论,即历史的合规律性和历史的合目的性的矛盾。目的是指人类的价值理想。这种矛盾就是自然与名教的矛盾。一个是现实,一个是理想;一个是必然,一个是自由;一个是事实,一个是价值。所以魏晋玄学讨论的是普遍的哲学问题,西方人察觉到了,中国人也察觉到了。可是这普遍的哲学问题分别置身于特定的历史文化背景,这是不同的。康德所讲的合规律性和合目的性是指西方的历史。在当时的欧洲,拿破仑征服了欧洲,颁布了拿破仑法典,这给康德等德国哲学家提供了一个理想。那时的德国

第九讲 中国哲学导论（三）

有大小三百多个不统一的邦国，武力征服实现的统一却违背了德国人生活的目的性。这是历史的合规律性和历史的合目的性之间产生的矛盾。就魏晋时期的中国来说，黄巾大起义后，东汉政权灭亡，三国鼎立，连年征战是事实的必然。东汉非崩溃不可，因为它太腐败了，它的灭亡是合规律的结果。东汉政权的崩溃代表着名教体系的崩溃，而如何处理好名教与自然、现实与理想的关系，这恰恰是魏晋玄学提出的问题。

那么我们该如何思考这个问题呢？是从抽象的哲学出发，还是从具体的历史处境入手呢？这牵涉到我们怎样研究哲学的问题。有两种不同的思路：理一与分殊。理一是普遍的道理，分殊是各时代各民族不同的具体的历史背景。是从理一到分殊，还是从分殊到理一呢？我从这门课开始时就讲一个观念，就是全世界没有一个普遍的唯一的哲学，哲学没有标准答案。所有的哲学都是从具体的分殊开始的，正因为如此，才上升到哲学的高度来考虑问题。如果只讲普遍，从普遍出发，那就会发展成教条主义。所以，魏晋玄学讨论的问题是具有普遍意义的哲学问题。当时的哲学家都是从自己的特殊处境出发考虑问题，进而上升到自然和名教的关系，提出不同的解答。加上"将无同",对于名教与自然的关系共有五种解答。哪一种是对的呢?每种解答都是偏见,性之所好。所以说哲学是说出一个道理的偏见,哲学是多元的。

我们再来探讨魏晋玄学为什么那么繁荣。这要联系魏晋时期的整个社会历史环境来考虑。因为并不是任何时代环境都能产生出哲学的。哲学是在苦难时代产生出来的。我们经常听说苦难出诗人,诗穷而后工。只有承受苦难,才能超越而生发灵感。"文章憎命达",哲学也是如此。魏晋时代是乱世,是分裂的时代,当时有这样的话:"天下多故,名士少有全者。"许多玄学家都死于非命。各种各样的问题在当时都发生了。到底怎样的社会秩序是合理的?每一种选择都是一种理想,用一种理想来批判现实,让身处那个苦难年代的人们在精神上有个支柱,有个寄托,有个追求。所以,每一个哲学家都有一种批判意识,同时又具有深厚的社会价值理想。只有与历史共命运的时候,你才能理解那个时代人的矛盾和痛苦,才会理解阮籍遇穷途痛哭而返的做法。中国的哲学家都是诗人哲学家,你读一读他们的诗就可以体会得到。鲁迅的《彷徨》特引用屈原的"路漫漫其修远兮,吾将上下而求索"。在民国的黑暗时代,鲁迅

第九讲 中国哲学导论（三）

像屈原、嵇康、阮籍一样思索。屈原的《天问》提出了许多的哲学问题，它是在什么情况下写出来的呢？是在苦难、苦闷、碰撞和不可调和的矛盾中。人类就是这么伟大！在别人说"将无同"的时候，哲学家、大思想家一定要说出一种道理来。所以，在魏晋时期有一种强烈的批判意识和强烈的理想追求。

我们再回过头来看看名教与自然之辩所做的几种选择：王弼的"自然为本，名教为末"蕴涵着什么样的批判意识呢？当时的统治者提倡名教，司马氏以孝治天下，而司马氏篡夺曹氏政权，用后人的话说是欺负孤儿寡母。司马氏用名教杀人。王弼说名教是自为的东西，所有的名教只有符合自然才能像天地自然一样和谐。人类社会像自然那样和谐，不是更好吗？"越名教而任自然"的嵇康、阮籍更有批判意识，他们认为名教是杀人工具。鲁迅的《狂人日记》讲封建礼教"吃人"，就是用白话翻译了嵇康、阮籍的话。但是仅仅批判还不行，还要有个理想，这在当时就是"无君论"，认为世上最糟糕的东西是权力。这种思想可以说来源于道家。道家分统治者为四等，最好的统治者是"太上不知有之"，"其次亲而誉之"，第三等是"畏之"，第四等是"侮之"。魏晋时期的民众对统治者是"畏之""侮之"。另一种理想是"虚君共和",即君主立宪制的共和理想。所以,哲学的抽象思考比如有无、自然、名教等问题的背后都有一个实实在在的社会理想,这是哲学的生命力所在。今天我们讲玄学的目的不在玄学本身,而是要懂得从理一到分殊的哲学探索之路。只有根据特定的历史条件、文化背景,从社会苦难中生发出来的思想才具有普遍意义,才可以和西方、印度的哲学进行对话、沟通。不同的时代、文化所提出的问题不相同。比如,康德提出的历史理性的悖论是在德国的现实状况和拿破仑征服欧洲大潮流的矛盾中产生的。

难道哲学仅仅讨论这些问题吗?那么关于我怎么活着,怎样活得幸福等问题就不是哲学问题了吗?其实,这种关于一己生存的问题是同上述哲学问题联系在一起的。魏晋时代,每一位哲学家都把自己对社会、历史、国家的思考与个人的安身立命联系在一起。孟子早就说,知识分子应该"穷则独善其身,达则兼济天下"。这些都是哲学,从古到今,中国的知识分子都有这个特点。如何独善其身,求得个人幸福,对此也有很深刻的哲学思考。这种思考围绕着两个字:"逍遥"。怎么才叫逍遥?自由自在,心安理得。逍遥的确是一个哲学问题。中国

第九讲　中国哲学导论（三）

人的答案与西方人也不一样。刘小枫写了一本书叫《拯救与逍遥》。他做了一个绝对判断说，基督教文化中不讲逍遥，只讲拯救，中国文化则相反，这是中西文化的根本不同。拯救靠上帝，逍遥靠自己。实际上，拯救的目的还是逍遥。刘小枫将这二者对立了起来。我们把这种关系搞清楚，才可以把中西哲学的不同、把中国哲学发展的线索、尤其是魏晋时期从逍遥走向佛教的发展线索理清楚。

"逍遥"一词出自《庄子》。庄子以诗人瑰丽的想象，在《逍遥游》的开篇讲述了一个寓意深刻的寓言，提出问题：究竟是大鹏逍遥，还是小鸟逍遥呢？其实二者都是有待的，都不逍遥。庄子追求的是无待，是精神逍遥。无待包括三个方面，即无己、无功、无名。能做到这三点就可以达到精神的绝对自由。这个理想特别难以实现，因为它是空的。到了魏晋时期，对逍遥的追求有不同的说法。王弼讲"以理化情"，理不是抽象的，而是有情感的。情是升华到理的情感理性，是"应物而无累于物"。嵇康、阮籍也有自己的逍遥观。他们认为，在社会中、名教中是得不到逍遥的，但是在自然中是可以得到的。嵇康"手挥五弦，目送飞鸿"，超化到自然宇宙的和谐之中。

这种境界是远离社会，不食人间烟火的，与陶渊明"采菊东篱下，悠然见南山"的境界很相似。王弼、嵇康的境界是很难做到的。到了郭象，对此做出新的解释。郭象认为，有待就是无待，物各有自性，各当其分，它们的逍遥是一样的。每个人都不应羡慕别人，各得其乐。这种观点很符合今天环保主义者的理论。俗话说"麻雀不跟燕子飞"。至于"燕雀安知鸿鹄之志哉"，那是儒家的理想，可是魏晋时期做不到。这形形色色的理论包含了哲学家的内在困惑。即使是郭象提出了大鹏、小鸟各有其乐，他本人最后也没得好死，在"八王之乱"中死于非命，也没法逍遥。可是他的理论有很现实的意义，在中国哲学史中有普遍的哲学意义。郭象在"大鹏、小鸟同样逍遥"中提出了一套富有启发意义的玄之又玄的理论，那就是"独化于玄冥之境"。它蕴涵着一套社会理想，即整个社会都是一种"自为而相因"的结构，这种关系是无须谁来管理的。这相当于亚当·斯密所讲的市场经济理论中的"看不见的手"。每个个体是自为的，但从整体上看，他们又是相互依存，谁也离不开谁，构成了一个大的和谐的体系。莱布尼兹的单子论讲每一个单子都有先天的和谐，上帝把各个单子结合在一起，构成大的

第九讲 中国哲学导论（三）

和谐。这跟郭象的理论很相像。

"如何达到逍遥"是每一个人都会碰到的问题，但现实中的人往往是不能逍遥。嵇康似乎是在自然的大化中得到一种逍遥，然而，他也落得杀头的下场。郭象的理论似乎高明一点，但他也死于非命。然而，这些讨论所激发的哲学思考为我们留下了丰富的哲学遗产。

郭象的理论虽然高的，但是后来碰到了佛教，思想界出现了佛玄合流。当时有个著名的僧人叫支道林，他也讲逍遥。他批评郭象说，如果每个人都通过满足自己的自性而获得逍遥，那是有问题的。比如夏桀、商纣，他们的自性是杀人，做了许多坏事，这是逍遥吗？我们也可以问郭象，像小偷、杀人犯、贪污犯，他们也有逍遥吗？如果依照郭象的看法，那还有没有价值标准存在？如果没有，那不就成了价值虚无主义了吗？所以，逍遥与否，必须有一高于自性之上的超越性的价值存在，必须拯救自性，必须有一绝对的权威。那就是至人之心，是佛性，它是判断的权威。就人类来说，我们要接受道德、宗教价值权威的指导。只有把自性提高到与佛性合二为一的地步，才能谈论逍遥与否。桀纣是不能逍遥的，因为他们的自性离佛性太远了。郭象解说逍遥的理论被称为"郭理",支道林提出"至人之心",反对郭象,广为人接受,被称为"支理"。于是,玄学就渐渐地被佛学取代了,中国就进入了佛学时代。

中国为什么进入佛学时代,为什么接受佛学呢?佛教填补了当时的精神的真空。中国的佛教不像印度佛教那样求得个人的解脱,而是为了"逍遥"。我们前面讲过,中国接受的大乘佛教有两派,空宗和有宗。空宗的理论简单地说就是四大皆空。所有的事物都是无自性的,都是因缘凑合而成;就是诸行无常,诸法无我,不真故空。但是中国人事实上很难接受这种观念,所以,中国人在接受了空宗的理论以后,只是把它当作本体来说,就是比有、无高一点。所以中国的佛教就将空宗转化成性宗。中国佛教不同于印度佛教之关键就在一个"性"字。什么都可以空,但是"性"是不可以空的。中国人讲人性善恶,性怎么可以空呢?当时的佛教理论讲佛性是不空的。中国人把性——也就是心——解释为自性清静心,也就是人人皆有的。人只要保持自性清静心,就可以逍遥,就可以成佛,就可以进入涅槃境界。心有两种,一种是自性清静心,还有一种是污染心。只要去除了污染心,就可以达到自性清静心。佛教经过中国化的发展,就把印度佛教看空一切的虚无主义转化到中国自己的人性本善的理论上。这是世界文化史上一个伟大的转变。接受的外来文化一定要以自己本土的东西作资源,用中国人的眼光去看佛教,可以改造它,可以接受它,然后把它化为己有。这对中国起了很大作用,后世宋明理学中的心性之学完全是受佛教的影响而发展出来的。

但是,这其中有很多问题,比如自性清静心和污染心的关系该怎么处理?这在后来高度中国化的佛教——禅宗中,可以找到解答的方法。据说禅宗五祖弘忍为了传授衣钵,就令他的弟子作偈。大弟子神秀题了一首诗:"身是菩提树,心如明镜台。时时勤拂拭,勿使惹尘埃。"当时一个砍柴的和尚慧能看了以后,也题了一首:"菩提本无树,明镜亦非台。本来无一物,何处惹尘埃。"于是弘忍就把衣钵传给了慧能。这就开创了禅宗的南派和北派。南派重顿悟,北派重渐修。慧能的南派禅宗后来在中国发扬光大,为中国人提供了一条修养身心和得道的方便法门,把佛教高深的理论、宗教的修行和我们的现实生活联系起来。"挑水砍柴,无非妙道",都有佛法的真理在里头。这就把宗教和现实的生活结合起来。唐末五代社会动荡，一片战乱，禅宗大师们跑到深山老林，一面自力更生，一面参禅悟道，形成集体参禅、集体劳动的共同公社。当时的许多知识分子也参与其中，写诗作画，发展成了一种重要的禅宗文化。为什么会出现这种现象呢？无非是追求逍遥而已。但是为什么寻找逍遥一定要出家呢？难道在现实生活中得不到逍遥吗？可以的。这就是下次课我们要讲的宋明理学的内容。

第十讲 中国哲学导论（四）

我们今天讲的是隋唐佛学和宋明理学,内容很丰富,佛学和理学加起来涵盖好几百年的哲学思想。上次我们讲了魏晋玄学。魏晋玄学处于一个分裂的时代,前后有四百年。在这四百年的前期,玄学是主流,当时的知识分子围绕着自然和名教的问题进行了各种讨论,产生了很多派别。郭象的玄学结合了中国思想传统中的儒道思想,后来佛学也传入进来。佛学于东汉末年传入中国,刚传入时佛教没有产生什么影响,中国人把佛教当成一种巫教。当玄学兴起后,把自然和名教的问题变成有和无的问题、本体和现象的问题,这时候人们发现玄学的本体思想和佛教空宗的理论似乎非常投机,就主动接受了印度的大乘佛学。佛教先有原始佛教,后来有了部派佛教和大乘佛教,大乘分空、有两宗,魏晋南北朝时期传入的是大乘空宗,空宗的根本理论就是四大皆空,把世界看成虚无,因为一切都是因缘和合而成，没有自性，没有实体的自性，本体为空，不真即空。这样，佛教思想逐渐成为主流后，玄学就终结了，变成一个佛教的世界了。佛教传入中国，和中国原有的思想有冲突、有融合。南朝有许多高级知识分子，说北方没文化，认为当时南学与北学特性不同。佛学也分为南朝的佛学和北朝的佛学，南朝的佛学是和玄学相结合的一种佛学，是从事一种高级理论的探讨；北方的则多是一种民间信仰，即因果报应等，再加上北方的鲜卑族没什么高深理论，所以南学和北学的区别在于对理论和宗教修行的偏重不同。偏重于理论的，用佛教的话说，就是讲究智慧，称为慧学，在南方更流行；而北方偏重修行，称为禅定，定学。定是实践，慧是理论。总之，此时的佛教仍主要是受印度佛教的影响，还是原始佛教的样子。

隋唐统一中国后，就面临佛学中国化的问题。中国人能够消化外来的东西，隋唐佛学就是中国化的佛学。将佛学中国化的就是天台宗，天台大师智顗根据中国人对佛教的需求，了解中国人的习惯和感情，不讲空宗。印度讲空宗，中国讲性宗，印度的空宗否定一切，连佛性都否定了；天台宗则把南朝和北朝的佛学统一起来，主张定慧双修，理论和实践相结合。天台

第十讲 中国哲学导论（四）

宗的经典是《法华经》，但并不照着《法华经》讲，而是经过升华发展出一套非常庞大的理论体系，很多内容都是《法华经》里所没有的。它的基本理论很多，但有两个重要观念："圆融三谛"和"一心三观"。谛是真理，把三个真理圆融起来即成一个真理。什么是最适合中国的？空、假、中三个字。所有的东西都是"空"的，没有自性，不是不存在；既是空的，就是假的，不真的。而印度佛教从本质上就认为所有的东西都是空的，没有自性，是真空；既是空的，从现象来说就是假的，是真空假有。假的即是真空，同时这个假的不妨碍现象的存在，这与中国人的思维不合。天台宗则把真空和假有结合起来，即是中道，把真空假有改成真空妙有，这个叫作"圆融三谛"。印度佛教只有空、假，而智𫖮加了个"中"字，不否定现实世界和人的生命的存在，即使是真空，它还是个妙有。这就改变了印度讲"空假"的虚无思想。中国人讲中道，把三个真理圆融为一体，就把整个世界都归于一心。一心三千，三千大世界，全在我一人心中。自己一念之中可以达到大彻大悟。人既要有智慧，又要有禅定。佛教要去除人的贪、嗔、痴三毒，就要有慧与定。止观法门，就是什么都不想，心如止水，心静，达到"圆融三谛"和"一心三观"。智𫖮是佛教中国化的第一人，而且他是按照中国的思想来看佛教，这叫作判教。判教就是把整个佛教包括大乘、部派、原始佛教排个顺序，对于判教的理论，不同的人有不同的说法。天台判教分为藏、通、别、圆四教，认为这是四种在不同时候实行的不同教法。

佛学中国化的另一宗派是华严宗，之所以叫华严宗是因为它以《华严经》为经典，华严宗的代表人物叫法藏，他是武则天时期的人物，常给武则天讲佛经。法藏给武则天讲佛经用皇宫前的金狮子做比喻，将深奥复杂的义理讲得清晰易懂，深得武则天佩服，这就是华严宗的精髓《金狮子章》。华严宗与天台宗有不同之处。玄学讨论的自然和名教问题，落实在哲学上讨论的则是有和无的问题，即本体和现象的问题，这是个普遍的哲学问题。佛家说本体是空、无自性，现象是假有；但佛教并不把本体和现象分开，而是说非有非无，亦有亦无。华严宗讲"六相圆融"：总相（整体）、别相（部分）、同相、异相、成相、坏相（解体）。还有个理论就是"四法界"。法界就是指本体，本体与现象不可分。"四法界"是：理法界（这是与现象不可分的一个法界）、事法界、理事无碍法界、事事无碍法界。法界重重无尽，互相关联，互相辉映。

禅宗也是佛学中国化的代表宗派之一。天台宗、华严宗讲得这么好，但在禅宗看来根本就不行。禅宗认为那些宗派是教条，而称自己为心宗。禅宗说当初佛祖讲法时，很多弟子都不懂，大叫老师老师再讲一遍，有个学生叫迦叶，他看佛祖拈花就微笑。这个不立文字，不学经典，凭我这心，这叫教外别传，佛祖拈花什么也不说，迦叶就会心地微笑，这就是禅宗的由来。还说那个慧能，他不识字，但悟性很高，他说"菩提本无树，明镜亦非台，本来无一物，何处惹尘埃"，就把神秀比下去了，后来五祖弘忍就命慧能为六祖，传给他衣钵。隋唐佛教博大精深，认真钻研是很有意思的。无论当作教条也好，还是心宗也好，学习经典，一方面要通过理论学习，掌握前人智慧；另一方面更重要的是要有心悟，要有独立的见解。没有心悟，就没有自己的心得，鹦鹉学舌，拾人牙慧。很多佛学大师都能兼顾理论与证悟。但我们学习隋唐佛教的话，光看禅宗是不够的，教条还是要学的。

隋唐的佛教如何过渡到宋明理学，这是中国哲学思想的一个发展过程。唐代，佛教非常兴旺发达，特别在民间，老百姓口念"南无阿弥陀佛",他们也不懂这个本体和现象,只知道念佛,那是什么意思呢?是"净土宗"的六字名号。净土宗认为,西方有个极乐世界,能把心存下来,称念六字名号时,就是礼拜阿弥陀佛,到了西方极乐世界,得到超度,摆脱轮回。尽管武则天等帝王都崇信佛教,但中国没有成为佛教国家,这是很重要的。从魏晋南北朝开始一直到隋唐,中国社会中共有三教:佛教、道教、儒家(儒家不一定是教),三家互斗,既争斗,又融合。由于中国社会历史条件基础,离开"五伦"是不可能。父子、君臣、夫妇、兄弟、朋友,这五种人际关系就叫五伦。中国社会结构就是这样的,不论怎么信佛教、道教,都不能动摇"五伦"这个基础。比如,《水浒传》里鲁智深不是杀了人吗?往哪儿躲呢?一个有钱人替他花上几两银子,买个度牒,就躲到五台山上当酒肉和尚去了。这么做对于国家长期发展来说可不行,有的人大概出个几年家,后来还是要结婚生子,为家族绵延香火,为国家纳税出力。儒、释、道斗来斗去,就想出了好办法,不要你争我夺了,咱们三教分工,怎么分工?慢慢地,各有所长,各自在自己位置上"逍遥":佛教帮助人们保持心灵上的宁静;道教保持你的肉体健康,让你自

第十讲 中国哲学导论（四）

在长寿；儒家治世，关注国家、社会、人伦，维护五伦，这不是都好吗？你看我们有身、心、还有一个世俗的社会，三教各得其所。

尽管如此，儒学却在隋唐时期衰弱了，为什么衰弱呢？因为尽管以儒治世，但儒家在哲学方面没有创造，所以一碰到佛教和道教就打败仗了。当时有一句话说得很好，凡是当时知识精英都朝佛、朝道，所以是"儒门淡泊收拾不住"，收拾不住什么呢？收拾不住人心。你把你的身子和灵魂都交给道教和佛教了，那儒家还剩什么呢？儒学首先缺乏两样东西：宇宙论、心性论，也就是缺乏一个天道性命之学。哲学不那么简单，哲学很有用，如果在哲学上吃了败仗了，你这个灵魂就被掏空了，人是靠哲学来立起来的。当时华严宗有个大师叫宗密，写了一篇很重要的文章：《原人论》。"原"是探源，《原人论》就是探源人的本质是什么东西。《原人论》向儒家和道教提出挑战，你们儒家和道教跟我们佛教比起来，没有宇宙论，你们的宇宙论相当于佛教的小乘，水平很低，你们的心性论也谈不出什么名堂出来，说什么性善性恶，什么叫性善性恶？说不清的。儒学理论上斗不过佛教。道教不用说了，是中国本土的，在理论上很早就向佛教借鉴。如果理论上敌不过佛教,那么以儒治世就缺乏一个灵魂,缺乏一个精神支柱,于是就"儒门淡泊收拾不住"了。在当时,很多最高层人物信佛。诗人王维、白居易信佛,李白信道教;最有名的是柳宗元,还有刘禹锡。柳宗元说什么老子、孔子呀,《周易》或佛教呀,都是一样的。刘禹锡公开说,我读儒家的《中庸》都读不懂。《中庸》开头的三句话:"天命之谓性,率性之谓道,修道之谓教",什么叫性?什么是命?按照佛家的空、假、中来说,没有自性,性都没有哪来的道呢?至于"修道之谓教"也修不了。

这时激发出一个人物来了,反佛了,唐代明确举出反佛旗帜、且举得最高的就是韩愈。韩愈举起反佛的大旗,写了一篇文章《原道》。就是说我是儒家,我得原道,讨论道的问题。他抓住了一点,真是抓住了要害。韩愈认为,这个"道"不是现在的道。按照老子的道或德,这个道和德就是包括宇宙论和心性论的意思,老子说"道生一,一生二,二生三,三生万物",道是天地万物之根;佛教也谈道,佛家谈佛道,佛的理论也叫道。但佛教、道教谈的道,是虚的,虚就是其中没有价值的内涵。任何一种的宇宙论也好,心性论也好,核心的问题

第十讲 中国哲学导论（四）

正是其中的价值观。佛教、道教谈道德谈得很好，也很高明，什么本体、现象、三谛圆融、六相圆融，那一套谈得很高很高了，但丢了两个字。哪两个字呢？仁义。儒家也阐明道，儒家谈道德是沿着仁义追寻，尽管从理论上比不上佛教、道教，可是价值观是真实的、坚定的，韩愈把儒、释、道三教之间的矛盾提升到价值观的层面来讨论。韩愈扛起了和佛教斗争的一面大旗，这也为宋明理学拉开了序幕。仁义道德要想获得理论上的论证，并不那么容易。这就是哲学思维。韩愈那一次反攻没有成功。当时大家都信佛，陕西的法门寺藏着一个佛骨舍利，每年都从陕西凤翔迎到长安，然后再送回去。那个时候这是一个大庆典，人山人海，很多善男信女，争看佛骨，劳民伤财。每逢这时大臣们不理政事，专门迎佛骨，韩愈于是写了《谏迎佛骨表》，专门抨击这种现象，上呈朝廷后，结果被贬到潮州，不得翻身。在那个群众气氛之下，虽然谏迎佛骨理论很严密，但没好下场。

历史进入宋朝后，宋代人开始好好考虑这个问题了，因为信佛、崇道达到狂热的程度，对于国家治理的影响很坏。倾全国之力去迎佛骨，把国家大事都抛下不管，加之军阀混战，政局动荡，唐朝就此灭亡。信佛不行，崇道也不行。宋朝从赵匡胤黄袍加身建国，治理好了唐末五代的乱局，实现了国家的局部统一，但在哲学上，在意识形态上不知该信什么好。宋真宗自封道宗皇帝，信道不信佛了，宋朝知识分子非常担忧，立志要使儒学复兴，建立新儒学。之前韩愈虽然原道，要建立新儒学，但什么是仁义？仁义能不能提升到天道仁义之学的高度上来？这个他不知道，因为他理论学得不多，而这恰恰需要有哲学理论的架构。

后来出现了个年轻人叫张载，二十来岁，年少气盛，意气风发。那时范仲淹正在西北地区跟西夏作战，宋朝很弱，经常受辽和西夏的欺负，每次打败以后要赔很多东西，张载去见范仲淹，说我要投军，为国效力。范仲淹是个很高明的人，他一看张载有哲学家气质，就对张载说，你从军大材小用了，你未来的发展应该是个哲学家，而不是军事家，你回去读《中庸》吧，要学习我们儒家，好好地从哲学角度来证明我们儒家中间有安身立命之处，有它的出路，这样就可以在学问上有所建树。张载听了范仲淹的话，改变了人生的方向，不再去从军打仗报效国家，而要从学问上为国效劳。张载去见范仲淹的时

第十讲 中国哲学导论（四）

候二十来岁，后来他花了二十年来研究这个问题。怎么来研究呢？用张载的话说就是，一定要把《中庸》和佛教、道教结合起来。他建立起了一套学说。后世很多研究宋明理学的人都认为，张载是宋明理学的奠基者。所以，张载成了一个伟大的哲学家。

张载把仁义提升到天道性命的高度，并做出了论证，实际上这个论证早就有了，但他把它说通了。仁义和天道有什么关系？仁义就是我们的价值观，这和天道有什么关系？如果不从天道的角度专门讲价值，价值根本就立不住，一定要证明出其中的道理，然后说明仁义和道德是天道，那才是专家。早在《周易》中就有这样的思想。《周易》的基本思想是讲天地人，三才之道。天道、地道、人道都是什么呢？天道的意义，就是阴阳；地道是什么？是柔刚；人之道是什么？是仁义。每个人都有心性，是什么心？心从哪儿来？宋明理学证明，宇宙之心就是天地生物之心，天地生了万物，人也是天地生出来的，没有天地就没有存在的价值。天地生物之心非常伟大，也非常无私，人应该让小我和宇宙共存，达到天地生物的高度。"天地生物之心"理论来源于《周易》。《周易》中有一个复卦，从时间上讲，相当于节气中的冬至。冬至节气有个特点：冷得不得了，阴气到了极点了；就在这个极点中，还有一丝阳气。复卦的卦象就是五个阴爻在上，一阳爻在下，这叫一阳来复。所以天地宇宙是生生不已的，宇宙对于万物包括人类是充满关怀的，这就是天地之心。这套理论很复杂，我在这里只是简单说说。

这样一来，儒学就既包括宇宙论，也包括心性论。宋明理学专门论证这个。你们知道吗？元、亨、利、贞，是《周易》学说的重要组成部分，也就是宋明理学的根本依据之一。元、亨、利、贞代表春夏秋冬：春生、夏长、秋收、冬藏。春夏主生，秋冬主杀；春夏阳，秋冬阴；阳就是仁，阴就是义，所以仁义和宇宙四时运行，互相配合。除此之外，还有人和，生生不已。这和佛教的空空有着天壤之别。佛教是否定社会、否定人生；而儒家关怀人生、回报社会，而且社会和宇宙大化流行，密切配合。这套理论经过宋明理学的建构，形成了一套更为精致的理论，到了朱熹，集理学之大成，把佛教和道教打败了。儒学不仅有心性，还能够给人提供安身立命之所。北宋和南宋时期，儒学家做了很多探索，建立了新儒学体系。

第十讲 中国哲学导论（四）

理学历史上有所谓"北宋五子"，第一个就是周敦颐。他写了《太极图说》，借太极图说了两句话："无极而太极。太极动而生阳，动极而静，静而生阴，静极复动。"从宇宙的角度论天道，虽然很短，可是提纲挈领。他奠定了整个宋明理学的方向，那就是由太极以立人极。最重要的是人极，因为老说太极，是天文学家，而关心哲学、关心人文的关键是人极。把太极说过之后，然后仁义中正以立人极，人极就是仁义中正。这样一来，理学家就用哲学的道理，证明中国几千年来代代相传的核心价值观，并将其发扬光大。这个核心价值观，宋明理学把其称作道，就是仁义之道，这就是大家所信服的。宋明理学做出的伟大贡献，就在这儿。

理学中还有一些争论，宋明理学后来分派，程朱和陆王，打得不可开交，这是由于理论上的矛盾和斗争。"程朱"，程是"二程"，程颢和程颐兄弟俩，朱是朱熹，陆是陆象山，王是王阳明。这两派对于什么是心性？究竟心性在什么地方？价值观在什么地方？他们有不同看法，基本分歧点在这儿。二程兄弟和朱熹，他们主张性情，性是天地之性，性在哪儿呢？在客观，我们要好好地使自己符合这个客观的东西；陆、王说不对，性在我心里头，每个人都有仁义，每个人心里都有仁义，用不着从外面把仁义放入我心里，因为人本来就有这个东西。用现在的话来说，在道德问题上，程、朱主张"他立"，按照"他"去做，这是客观规定下来的，圣人依此定下来了，我们要服从它；陆、王说不对，主张"我立"，这是我心中想的，这叫自作主宰，不要听外在的主宰。

第十一讲 哲学家的终极关怀

今天跟大家讲两个问题：一、哲学家的终极关怀，二、哲学家如何围绕他们的终极关怀进行探索和思考。

关于哲学家的终极关怀，首先要说哲学究竟研究什么？它的对象是什么？我们大致讲了一些看法，其中有些讲法是比较含混的。比如说，哲学是研究普遍规律的，这个说法就很难理解。关于自然、社会、人生的普遍规律是什么？掌握了这个所谓的普遍规律，不就是掌握了绝对真理吗？如果研究哲学就是为了掌握这个绝对真理，那我们不都成了神、成了上帝吗？这怎么可能？还有一种说法，说哲学是研究精神和物质哪个是第一性的，研究出这个第一性有什么意思呢？所以我们讲哲学史，看到希腊哲学、印度哲学、中国哲学研究的问题都不一样，是由不同的环境和文化背景造成的。

虽然三大哲学系统不一样，但它们都有共同性，这就是宇

哲学导论讲记

宙和人生的问题,我归结为天和人的问题。这在中国、印度、西方三大哲学系统中都有表现。例如,康德一辈子注意的是头上的星空和心中的道德律,头上的星空就是天,心中的道德律就是人,这就是天和人的问题。那么,为什么要想这个天人问题?想点别的不好吗?升官发财,这都是可以想的呀,干吗非得去想宇宙和人生?探索宇宙和人生的目的,是为了探索宇宙和人生的意义何在。哲学和一般具体学科之所以不一样,就在于这个根本性的问题。这个问题在各个不同的时代、不同的文化系统有不同的表现。宇宙和人生的问题性来源于它的不确定性,因为这种不确定性而使我们产生了困惑和怀疑。哲学来源于困惑。希腊哲学最大的困惑是命运。命运是必然的,因此古希腊产生了许多著名的悲剧,例如俄狄浦斯弑父娶母的悲剧。在这个悲剧中俄狄浦斯的命运从一生下来就是确定的,他是无所逃于天地之间。究竟命运是什么?古希腊人为此进行了理性的思考,这就是哲学与原始宗教相区别的地方。古希腊哲人通过对命运的思考,提炼出了逻各斯的概念,这就是西方哲学走上的道路。在印度,人们最大的困惑就是人生是苦海,如何超脱这个苦海,获得解脱?印度人提炼出来了梵我同一,使得印

第十一讲 哲学家的终极关怀

度哲学带有了很强的宗教性。中国人则很现实，今生幸福就行了；要得到人生的幸福，就要关注社会的治乱、朝代的更替等等东西，所以中国哲学起源于忧患意识。通常说来，社会治理得好，中国人就满意，然而现实常常让我们不满意。这也是忧患意识的表现。

不管三种哲学系统区别如何，都可以归结为天和人的问题、宇宙和人生的问题。在这个问题上有很多种思维模式，通过哲学史的了解，我们知道有三种：（1）天人对立，也就是主体和客体的对立。把客体作为研究对象，主体要找出其中的普遍法则、结构。这是西方哲学的传统。（2）天人同一，天和人是无差别的一体，这个是印度哲学传统中梵我同一主旨的核心。（3）天人既对立又统一。这是中国哲学的传统，我们通常说中国哲学讲天人合一，其实这个讲法不确切。中国哲学采取的是对立统一的中道方式，从对立中寻求合一，在合一中看到对立。这个在魏晋玄学中名教与自然的关系中可以看得很清楚。

哲学要讨论的问题是天和人、宇宙和人生。人们要讨论这个，不是说要研究它们的规律，而是这其中有太多的困惑，需要人们来解答。所以哲学思维起源于困惑，起源于苦恼。禅宗语录中，有"一点真疑不间断，打破砂锅纹到底"的说法。"纹"就是"问"，"一点真疑"的"疑"不是小事。我的这个水杯丢到哪里去了？这样的问题，不能算是疑惑；宇宙人生意义何在，这才是疑惑，这才是"真疑"。这个疑惑是不间断的，伴随你的一生；要穷根究底地问，问到底。这个真正的问题，让人们苦恼，一定要穷根究底地找出答案来，问到最后。这就是哲学。有真正的疑惑才会产生哲学的思想，能持之有故、言之成理，说出一个道理来的偏见，能够给人自信，这就是哲学家，由此而有哲学派别。古今中外莫不如此。

　　天和人的问题现在也有多种表现，比如目前有一个大家都在讨论的问题，这也是一个世界性的难题，就是两种文化——自然科学的文化和人文价值的文化——互相冲突。自然科学家和人文科学家坐在一起，没有共同语言，经常打架。自然科学家说，我管你什么价值不价值，我把自然的真实面目给揭示出来就行了。我研究出原子弹，至于你用原子弹去干什么，这我管不了；人是可以克隆的，你要克隆一个希特勒出来，我也没办法。所以从某种意义上说，他们是只管"天"，不管"人"。

第十一讲 哲学家的终极关怀

人文科学家说,你做什么事情,总要讲点价值、道德、良心、人道主义吧?既然要讲这些东西,那有些事情就不能干,比如克隆人,这怎么可以呢?这就是两种文化的冲突,科学理性与人文理性的冲突,也可以说是工具理性与价值理性的冲突。工具理性是什么?这个事情只要能做,只要能实现,我就只管去做,不管什么道德不道德。例如美国金融大鳄索罗斯,他买空卖空,进行资本投机,结果造成了1997年东南亚的金融危机。索罗斯说,这不能怪我,我是按照游戏规则来的。确实是这样,索罗斯是完全按照市场经济的规律来投机的,他是绝对服从工具理性的指导。金融危机造成国家动荡、企业破产、人们生活困顿,许多人自杀,导致很多灾难,索罗斯说,那我不管。这就是工具理性。价值理性在讲人的时候,就是另外一回事了。这个问题以后我们可以继续关注。

宇宙和人,自然和人文,二者之间,总是会发生某种冲突。事实上的一个东西,也许是我们人类所不能接受的;而我们价值上认同的东西,也许事实上是不能做到的,这就是矛盾。有矛盾并不惊奇,你们接触了哲学,就会发现到处都是矛盾。古往今来,没有什么时候、什么地点没有矛盾。哲学家跟普通人的区别之一，就是他会抓住矛盾不放，一点真疑不间断，打破砂锅纹到底。司马迁说："究天人之际，通古今之变，成一家之言"（《史记·报任安书》），这可以说是对所有哲学最合适的概括。

这么说起来，哲学家的终极关怀是什么？用西方哲学的话来说，说不清楚；用中国哲学的话来说，一点就明。哲学家的终极关怀，实际上可以归结为"横渠四句"。横渠是谁？北宋理学家张载，字横渠。他说过四句话："为天地立心，为生民立命，为往圣继绝学，为万世开太平。"这四句就是著名的"横渠四句"。它既说出了古往今来所有哲学家的终极关怀，也道出了他们的伟大抱负。没有这个抱负，你不要学哲学。一个哲学家，一个小小的人，他居然可以为天地立心。天地有心没有？或者说宇宙有心没有？宇宙不是人，它能有心吗？因为它没有心，所以哲学家就要给它安一个心，这就是哲学家的功夫。生民就是人类，命可以说是人类的核心价值观。一般的人每天日子就这么过着，没有也不会去注意所谓安身立命的问题，但是哲学家要考虑，他要考虑人、人类的核心价值观，人类的命运。"为往圣继绝学"，过去那些往圣先贤的学问，要继

第十一讲 哲学家的终极关怀

承,不能让它中断了。谁来继承?我!我就是这个中继站。火为什么能永远不灭?得持续往火里面添柴啊。每个哲学家就是把自己当作柴薪,奉献自己的一生,自己烧完了,还有后来的人继续,这叫薪尽而火传,哲学之火就是这样才能一直熊熊燃烧。这叫为"往圣继绝学"。目的是要干什么?要为"万世开太平",为后来的人们缔造一个和谐有序的世界。

哲学家有这么伟大的抱负,那他究竟是什么人?他是个英雄。用黑格尔的话来说,是理性思维的英雄。要做哲学家,就要对宇宙人生的困惑进行解答,要有"为天地立心,为生命立命,为往圣继绝学,为万世开太平"的伟大抱负。你能不能实现这个抱负是另外一个问题,然而你要做哲学家,就不能没有这个抱负。

我们现在再讲讲哲学家是如何围绕他们的终极关怀进行哲学的探索。哲学家的探索有其相似的地方。王国维对这有绝好的概括。在《人间词话》里面,他说,古今凡是成就大事业、大学问的人,必定要经过三个阶段、三个境界。第一个境界,就是"昨夜西风凋碧树,独上高楼,望尽天涯路"。这是个起点,起点要高,要上高楼,而且寂寞,只有你一个人,望向天边遥远的目标。第二个境界,"衣带渐宽终不悔,为伊消得人憔悴"。衣带为什么会宽?得了相思病,整天就只想着要实现自己的目标,别的东西都顾不上了,人都瘦了,消得人憔悴。第三个境界,"众里寻他千百度,蓦然回首,那人却在灯火阑珊处"。最后,成功了,达到了目标。

  这三个境界,第一个是确立目标,目标要高,要超越有限,追求无限:有限的,要超越;世俗的东西,要超越。还要超越什么?超越权威,要敢于跟权威叫板。哲学史上要超越前人,就必须超越权威。当然,年轻人要超越权威,要迈上独上高楼的一步,很难,但是关键的因素,是你究竟"敢不敢"。亚里士多德的老师是柏拉图,已经是非常了不起的大哲学家,然而亚里士多德说"吾爱吾师,吾更爱真理",所以他能够超越柏拉图。这样的例子还有很多。比如,章太炎的老师是俞樾,是当时古文经学的代表人物,俞樾说你做我的学生,就好好继承古文经学的传统,做出大成绩来;但是章太炎当时的志向是什么?"为万世开太平"。他不甘心"为往圣继绝学",他要救中国,所以跟孙中山闹革命去了。俞樾说你这不是走了歪路吗?学问不好好搞,去搞什么政治?章太炎于是写了一篇

第十一讲 哲学家的终极关怀

很有名的文章《谢本师》，就是说谢谢您的关心，然而我的志向不会改变。就这样，章太炎跟俞樾断了师生关系。这就是吾爱吾师，然而吾更爱真理。章太炎于是超越了俞樾，俞樾是个学问大家，而章太炎不仅仅是学问家、思想家，还是革命家。章太炎晚年的时候，不太关心政治了；然而他的一个弟子，却又走上了一条与他意思不合的道路。是谁？鲁迅。鲁迅在日本留学的时候跟章太炎学习《说文解字》，但是鲁迅后来看到章太炎一天天颓废下去，做了许多不太好的事情，于是写了一篇文章，也是很有名的——《关于太炎先生的二三事》，从此与章太炎分道扬镳。这都是超越。你们在学问方面是刚刚起步，但是如果没有一种立志高远的超越意识，那就只能做二三流的人，作不了第一流的人。拿破仑说"不想当将军的士兵不是好士兵"，中国有句老话"取法乎上，仅得乎中，取法乎中，仅得乎下"，这都是说，立志要远大，要敢于超越，这样才能做出大成就。当你独自登上了高楼，心里会有一种感叹，什么感叹？就是陈子昂的《登幽州台歌》："前不见古人，后不见来者，念天地之悠悠，独怆然而涕下。"

然而，如果你成天念叨要独上高楼，而不去努力，那是达不到目标的,所以第二步更重要。这就是要把志向放在心上,不断地探索,"衣带渐宽终不悔,为伊消得人憔悴"。探索是很苦的,屈原说"路漫漫其修远兮,吾将上下而求索",这说明了探索过程之苦;但是"问题"不能放弃,你必须紧紧抓住这个"问题"不放,一直坚持探索,这样才能成功,这不但是哲学领域的事情,任何事情都是如此。课间休息时一个同学问我,哲学家要"为万世开太平",但是我不想开太平,也不希望别人来为我开太平,那他不是越俎代庖了?不是。对于哲学家来说,"为万世开太平"是他要考虑的问题,他一辈子追求的东西,他就是为这个问题"衣带渐宽终不悔,为伊消得人憔悴";但是对于你来说,你也会有值得你一辈子去探求、去解答的问题,这个问题是你自己的问题、是有别于他人的问题,为了解决这个问题,你也必须坚持不懈地努力。比如康德,始终关注的是"头上的星空和心中的道德律",三十多岁他提出"星云假说"成了名,但是问题没有解决;康德一个人在哥尼斯堡寒暑不分、苦苦钻研、日复一日,他的生活,跟钟表一样精准,什么时候吃饭,什么时候散步,都是分毫不差,刮风下雨也不管,以至于哥尼斯堡的人们一看到康德出来散步了,马

第十一讲 哲学家的终极关怀

上就校对手表，因为他们知道康德的时间分毫不差。康德研究了近三十年，写出了《纯粹理性批判》，这就是"为伊消得人憔悴"，这个"伊"，不是哪个美女，而是他所要探索的问题。宋明理学中有一个问题是讲"寻孔颜乐处"。寻是寻找，孔是孔子，颜是颜回，孔子本人是"饭疏食饮水，曲肱而枕之，乐在其中矣"，颜回是"一箪食，一瓢饮，在陋巷，人不堪其忧，回也不改其乐"。"寻孔颜乐处"就是追问孔子和颜回何以很快乐。孔子和颜回有什么好乐的？是因为穷吗？不是，颜回家里都揭不开锅了，穷有什么好快乐的。理学家认为，孔颜乐处，是因为对"道"的追求，这种追求的过程本身就能够得到快乐，得到享受。

不断地思考，不断地探索，必然能得到一种灵感。"众里寻他千百度，蓦然回首，那人却在灯火阑珊处"。茫茫人海，大海捞针，找来找去都找不着，无意中一回头，啊，那不就是吗！这个时候的欢喜，真是无法形容。这样一种成功，有快，有慢，有急，有缓，这都无关紧要，重要的是成功的那种大欢喜。有一句话说"文章本天成，妙手偶得之"，就是说在长时间的努力之后，灵感突现，写出了连自己都不敢相信的文章，所以把它归结为"天成",这就叫妙手偶得。宋代程颢和程颐两兄弟,都是理学家,世称大程、小程。有一天大程突然悟到一个道理:"天地万物之理,无独必有对",对于我们现在来说,这是个常识,但是对于大程来说,这个道理是他体贴出来的,他心里那个高兴啊,手舞足蹈。我们或许会说,有这么值得高兴的吗?有,真的有。所以哲学家跟艺术家一样,都带有某种疯狂性,旁人是无法理解的。张载说"学贵自悟,守旧无功",别人说的不算,一定要自己体贴出来的才行,你体贴出来了,那就会获得很大的快乐。王阳明早年接受了朱熹的格物穷理说法,他住的院子里有一片竹子,于是他跟一个朋友坐在竹子前面,要格出个竹子的理来。格了几天,理没格出来,人倒是给格病了。于是他认识到,朱熹的这个格物穷理说是有问题的。后来王阳明跟宦官刘瑾斗争,被流放到贵州龙场,一天晚上他突然悟到了良知才是根本,高兴得半夜里大叫大嚷。这些都是悟道之后的反应。人如果悟道了,能达到很高的境界,没有这种境界,不能称之为哲学家。王阳明有一首诗《泛海》:"险夷原不滞胸中,何异浮云过太空?夜静海涛三万里,月明飞锡下天风。"说的就是这种境界。

第十一讲 哲学家的终极关怀

总结一下，哲学起源于困惑，而哲学家就要"一点真疑不间断，打破砂锅纹到底"，要经过艰难而执着的探索，最后解决困惑，从而达到很高的境界。

第十二讲 哲学与哲学史的关系

  我们的课程已进入尾声。在前面的课上,我和大家一起探讨了哲学和哲学史上的一些重要问题,今天的课可以说是对前面所讲内容的一个小结:我要和大家谈一谈哲学与哲学史的关系问题。简单说来,这个问题大致可以用这样一句话来予以概括:如果我们要进入哲学的大门,就必须通过哲学史;反之,离开哲学史,我们就无法进入哲学的大门。每一个研究哲学的人都要学习哲学史,而学习哲学史的目的也正是为了研究哲学。哲学与哲学史的关系是非常密切的。

  我们在前面的课上讲了西方哲学史、印度哲学史以及中国哲学史上的许多重要问题,讲到了许多哲学问题在哲学史上的继承和发展关系。现在的问题是:我们究竟如何通过哲学史进入哲学的大门?在我看来,诠释学应当是一条很好的方法和进路。也就是说,通过对哲学史上的哲学家及其著作的诠释,了解历代哲学家们的哲学思考,并结合当代的问题,进行我们的思考,就有可能产生一种新的哲学。作为哲学系的学生或研究哲学的人,我们也应当有这样的使命感,即我们前面所讲的"独上高楼,望断天涯路"的追求。一个不想做哲学家的人,千万不要学哲学。在座的诸位之中,如果能有十几位或几十位在未来成为哲学家,那么中国哲学就有新希望了。

让我们还是回到主题:究竟如何通过诠释学由哲学史进入哲学的大门?

首先,什么是哲学史?如果要给它下个定义的话,那么我们可以说哲学史就是人类或各民族的精神现象学。比如,一部西方哲学史就是一部西方人的精神现象学,一部印度哲学史就是一部印度民族的精神现象学;由此类推,可以说一部中国哲学史也就是一部中华民族的精神现象学。

需要指出的是,我们对哲学史的这个定义是来自冯友兰先生对黑格尔精神现象学思想的发挥。我们知道,"精神现象学"这个思想和说法最先是由著名的德国哲学家黑格尔提出来的,他还专门为此写了一部名为《精神现象学》的著作,由此一举成名。为了理解冯友兰先生关于"哲学史是人类的精神现象学"

第十二讲 哲学与哲学史的关系

的观念,我们首先必须对黑格尔关于"精神现象学"的思想有一个大致的了解。

在黑格尔的哲学体系中,绝对知识——即关于绝对精神的知识——是其起点和核心。那么,绝对知识又是如何发生的呢?黑格尔的《精神现象学》正是为了解答这个问题。按照辩证法的规律,黑格尔把人类的精神解释为一个历史发展过程,即经历了意识、自我意识、理性、精神等阶段,最后才达到绝对知识;其中每一个阶段又包含一些发展环节。黑格尔关于精神现象学的思想克服了康德以来的哲学,如费希特关于"自我"的思想以及谢林的"同一哲学"的偏颇之处,是其整个哲学体系的萌芽和缩影。所以马克思认为,"《精神现象学》是黑格尔哲学的真正起源和秘密",并形象地称之为"精神胚胎学""精神古生物学"。

对于黑格尔的哲学思想体系,历来褒贬不一。叔本华、马克思等都对黑格尔的哲学体系提出了批评;但是,黑格尔关于"精神现象学"的思想,也得到了一些科学理论或哲学思想的印证,如皮亚杰的发生认识论原理、人类学家们对人类文化的发生学研究以及波普关于"三个世界"(即物理世界、精神世界以及客观知识世界）的设想都在一定程度上支持了黑格尔关于"精神现象学"的思想。

从哲学的角度看，"精神现象学"中的"现象"是与"本质"相对而言的；或者按照黑格尔的原则说，精神现象学体现了历史与逻辑的统一。哲学与哲学史的关系也类似于本质与现象的关系：看不见、摸不着的哲学的本质正反映在哲学史的现象之中，历史上出现的每一种哲学都是哲学史的必要环节。正是在这个意义上，冯友兰先生把哲学史理解为人类的精神现象学。

对于学哲学的人来说，理解了哲学与哲学史的这种关系有着切实的重要意义：我们究竟应该如何去学习和研究哲学？对这个问题的回答，可以说大致有两种取向，即冯友兰先生所说的"照着讲"和"接着讲"。所谓"照着讲"，是把哲学家的哲学思想原原本本地介绍给大家；所谓"接着讲"，则不局限于此，而是要承上启下，继往开来，有所创新。"照着讲"所成就的是哲学工作者或哲学史家，而"接着讲"则造就了真正的哲学家。所有的哲学和哲学家都是"接着讲"的，都是承上启下、继往开来的。若以冯友兰先生本人而论，他早年所写的《中国哲学史》，只能表明他是一个哲学史家；而后来他接着

第十二讲 哲学与哲学史的关系

程朱理学讲出了自己的一套"新理学"体系,则标志着他成了一个哲学家。

当然,"接着讲"是离不开"照着讲"的,也就是说,哲学是离不开哲学史的。哲学史在任何时候都是哲学思考的起点,每一个想在哲学上有所创新的人都要重新思考哲学史上的问题。历代的哲学家正是通过这种思考在续写着人类的"精神现象学",尽管这个过程中充满了精神搏斗的艰辛,但哲学家们却认为其中自有乐处,甘愿做哲学上的西西弗斯。人类应当庆幸有这些"西西弗斯"们的存在。

现在让我们再回到前面的问题:究竟如何通过哲学史进入哲学的大门?在我看来,诠释学是一条最好的进路,舍此之外,别无他途。

"诠释学(Hermeneutics)"一词来自古希腊神话中一位名叫赫尔墨斯(Hermes)的神,他是传播神的旨意的信使。作为一种学问,它是在对《圣经》以及罗马法的诠释过程中得以产生和形成的。诠释学成为一种哲学并引发出一场独立的哲学运动,则始于德国哲学家伽达默尔的《真理与方法》。

哲学诠释学的核心问题是理解和解释。哲学诠释学认为,所有对文本的理解都离不开前见,都是以前见为出发点的,而所有的解释都是对前见与文本意义之间距离的一种弥合,用诠释学的来话说,这是一种"视界融合"。需要注意的是,理解和解释并非任意曲解,视界融合是有条件、有标准的,这就是"历史效果",即通过对文本意义的理解和解释,使文本在当下焕发出新的生命力,产生某种现实影响和作用。当然,历史效果是很难把握和保证的,但无论如何,从哲学和哲学史的角度看,通过诠释、通过理解和解释而达到视界融合还是可能的,而且必然会推陈出新,推动哲学和哲学史的发展。

这里有三方面的因素需要妥善处理。首先,理解和解释不能离题太远,要尊重文本的原貌,力求把握其"本义";其次,要了解历史上对文本的各种理解和解释,即"他义";最后,也是最重要的,在把握"本义"和了解"他义"的基础上建立"我义"。可以想见,"本义""他义"和"我义"之间是相互交错关联的,借用诠释学的话语说,这是一种"诠释学循环"。

需要指出的是,世界上每一个有文化的民族都有自己的诠释学传统,中国的诠释学思想尤为丰富。在中国古代的各种学术形态中,所谓"《诗》无达诂,《易》无达占,《春秋》无达

第十二讲 哲学与哲学史的关系

辞"以及孟子所谓"不以文害辞,不以辞害志""尽信书则不如无书"之类的思想都闪烁着诠释学智慧的光芒,向我们展示了中国文化和中国哲学的开放性。

总之,不具备哲学史的知识就不可能成为在哲学上有所创新的哲学家,而为了学好哲学史,我们也必须做一个哲学家。通过诠释学的进路,我们就可以处理好哲学与哲学史之间的关系,续写人类的精神现象学,正如张载所云:为天地立心,为生民立命,为往圣继绝学,为万世开太平!

本书根据余敦康先生"哲学导论"课程录音整理,2016年11月修订完成